L'UNIVERS GOURMAND DE JEAN-LUC BOULAY

35 ans de plaisir et de passion partagés au Saint-Amour

ANNE-LOUISE DESJARDINS
PHOTOGRAPHIES D'ANDRÉ-OLIVIER LYRA

Les Éditions Transcontinental

Toute la brigade des cuisines du Saint-Amour entourant le chef Jean-Luc Boulay, au centre.

AVANT-PROPOS

Peu de cuisiniers québécois ont un parcours aussi riche et diversifié que Jean-Luc Boulay, qui fondait en 1978 avec Jacques Fortier cette grande maison du Vieux-Québec qu'est le Saint-Amour. Quel autre restaurant, en effet, peut-il se vanter de souffler bientôt 35 bougies en s'étant constamment renouvelé au fil des ans, au point de compter comme l'une des meilleures et des plus innovatrices tables au pays, s'efforçant d'offrir une vitrine de choix à quelque 80 producteurs artisans, tout en étant considéré depuis toujours comme une formidable pépinière de talents ?

Le secret de ce succès réside d'abord dans l'amour profond d'un cuisinier pour son métier. Jean-Luc Boulay n'a jamais cessé d'apprendre, de voyager, de débusquer de nouvelles saveurs, de nouveaux styles, de nouveaux outils et de nouveaux parfums. Il aime l'échange avec ses collègues et considère le travail de mentorat comme une mission essentielle. Car cet homme d'exception a deux grandes passions dans la vie qui englobent toutes les autres : sa famille et la cuisine.

Pourtant, on peut dire que cette grande toque a passé presque toute sa carrière à travailler dans l'ombre, lui qui serait certainement double ou triple étoilé Michelin s'il avait choisi de demeurer dans sa France natale au lieu d'émigrer au Québec en 1976. Jean-Luc a hissé le Saint-Amour au rang de relais gastronomique sans jamais se mettre de l'avant ni vanter ses hauts faits d'armes. Le vedettariat et ses éclats, très peu pour lui. C'est dans sa cuisine qu'on le trouve tous les matins, depuis plus de trois décennies. Ce sont plutôt ses amis chefs, ses jeunes cuisiniers et ses nombreux admirateurs, dont je suis, qui l'ont poussé sous le feu des projecteurs presque à son corps défendant !

Aujourd'hui, le patron du Saint-Amour vit avec davantage de plaisir sa célébrité toute neuve, lui qui n'a cessé de remporter des honneurs importants au cours des dernières années : récemment invité par son ami le chef Jérôme Ferrer à joindre l'Académie culinaire de France, il a aussi été nommé chef de l'année au Québec, fait chevalier de l'Ordre du mérite agricole de France et il fut le premier récipiendaire du Prix du Gouverneur général du Canada pour les arts de la table. Pour le populaire juge permanent de l'émission *Les Chefs !* et habitué de *Des kiwis et des hommes*, toutes deux à l'antenne de Radio-Canada, il était temps de s'atteler à la rédaction de son livre de cuisine.

Ce livre, Jean-Luc Boulay l'a longuement mûri, car il ne voulait pas se contenter de publier un autre répertoire de recettes. Il fallait que l'ouvrage reflète plutôt l'ensemble de son univers gourmand. Nous l'avons donc conçu comme une somme très personnelle de connaissances culinaires vulgarisées et un résumé de toutes ses passions : les années passées derrière les fourneaux du Saint-Amour et son évolution de cuisinier, bien sûr; mais aussi la vie de famille et les repas du dimanche soir, lorsqu'il cuisine plus simplement ; la chasse et la pêche, monde de découvertes, d'entraide et de détente; le foie gras, qui est son péché mignon ; le solide lien d'amitié avec les petits producteurs et le mentorat, cette partie de sa carrière qui lui a toujours procuré un immense plaisir et une grande fierté. C'est pourquoi, dans son livre, Jean-Luc fait aussi une place de choix aux cuisiniers qu'il a formés, à commencer par son fils Frédéric, chef globe-trotter de grand talent, ainsi qu'aux membres de son équipe et à ceux qui, d'émules sont devenus des amis, volant aujourd'hui de leurs propres ailes.

Cela fait des années que j'ai la chance de compter Jean-Luc et sa femme Linda parmi mes amis proches. Et cela fait des années que je rêve du jour où nous nous installerons ensemble dans leur grande cuisine du quartier Sainte-Foy ou dans celle du Saint-Amour pour concocter un beau livre à quatre mains destiné à mettre en valeur l'immense talent de ce cuisinier si généreux et si inspiré. Maintenant que le livre est devenu réalité, je ressens une intense émotion à vous inviter enfin à entrer dans l'univers du chef Jean-Luc Boulay. Je suis persuadée que, comme moi, vous tomberez instantanément sous le charme !

Anne-Louise Desjardins,
journaliste et auteure gastronomique

Jean-Luc Boulay venu me féliciter lors de la remise du prix Hommage de la Société des chefs cuisiniers et pâtissiers du Québec, en 2010.

À PROPOS DES RECETTES :
elles ont été classées
en 3 catégories :

recettes très faciles ; à la portée de tout le monde

recettes de difficulté moyenne ; demandent un minimum d'expérience

recettes difficiles ; demandent une bonne expérience en cuisine.

TABLE DES MATIÈRES

INTRODUCTION

PREMIÈRE PARTIE

Page 76
Rillettes de lapin au naturel, marinades et condiments

Page 92
Noix de ris de veau aux langoustines rôties, bette à carde cuisinée, jus crémeux au muscat Samos et aux morilles du Yukon

Page 156
Supplis frits garnis d'une salade de saumon et de thon frais

DEUXIÈME PARTIE

Page 128
Pyramides glacées pralinées au cognac, avelines caramélisées et romias

Luc Boulay
Restaurant

D'OÙ VIENT LA PASSION DE LA CUISINE ?

D'où vient la passion tout court, serait-on porté à se demander quand on observe Jean-Luc Boulay ? Car cet impérieux besoin d'aller au fond des choses, de toujours repousser les limites de ses connaissances et de ses habiletés, cette manière d'être habité, voire obsédé par un projet, une idée, une activité n'est-ce pas plutôt une façon d'être, un tempérament ? Jean-Luc Boulay est de ceux qui ne font jamais les choses à moitié : qu'il s'intéresse à la chasse, à la pêche, à la rénovation, au judo, au kayak de mer ou au jardinage, il ne sait que s'investir entièrement dans tout ce qu'il entreprend. La cuisine représente un territoire où il peut vraiment se surpasser, car le potentiel de découvertes et les défis qu'elle offre sont, pour ainsi dire, illimités. Sans parler de la gourmandise, cette exigeante maîtresse… Récemment, lors d'une entrevue sur les années de démarrage du Saint-Amour, auxquelles elle a été intimement liée, sa femme Linda Therrien a bien résumé le personnage : « Je n'ai jamais trouvé trop difficiles les longues heures de travail des débuts de Jean-Luc parce que j'étais émerveillée par son talent ! Il excellait dans tout : pâtisserie, charcuterie, poissons, pièces montées, sculpture sur graisse ou sur glace. Et le soir, à son retour du restaurant, il pouvait fabriquer pendant des heures de ravissantes fleurs en sucre tiré. » Aux yeux de Linda et de ceux qui le côtoient au quotidien, Jean-Luc est d'abord un artiste qui a choisi la cuisine comme véhicule de création.

L'HISTOIRE DE JEAN-LUC BOULAY

UNE ENFANCE AU JARDIN... DANS LA SARTHE !

C'est au pays des grands vins de la Loire et de la rillette du Mans, à Marolles-les-Breault, que Jean-Luc Boulay est né le 25 janvier 1955 dans une famille unie de 11 enfants où il occupait une position mitoyenne. Pas de cuisiniers dans la famille pour le prédisposer au métier, sinon des parents jardiniers-fleuristes qui avaient un immense jardin et une maman toujours aux fourneaux pour nourrir sa marmaille. « J'aimais aider ma mère et mes sœurs en cuisine, à farcir les tomates ou à préparer les bourdons aux pommes », se souvient le chef-propriétaire du Saint-Amour de ses toutes premières armes. Mais il passait aussi beaucoup de temps avec son père, un homme peu bavard et bourreau de travail qui avait la passion du jardinage. « Mon père était maçon, mais sa raison d'être, c'était son jardin. D'ailleurs, quand il a pris sa retraite, il s'est mis à son compte comme fleuriste tout en vendant fruits et légumes aux villageois, en plus des fleurs », rappelle son fils, qui avoue avoir été un élève très moyen à l'école parce qu'il préférait sarcler, biner ou cueillir des haricots et des tomates au potager que de bosser sur ses devoirs.

De son enfance, Jean-Luc Boulay retient le courage et l'ardeur au travail de ses parents, qui lui ont transmis leur rigueur et leur éthique professionnelle. Jean-Luc aimait aussi jouer avec ses frères et sœurs. « On s'amusait beaucoup entre nous tout en aidant nos parents. » Cette affection est toujours aussi vive 50 ans plus tard, malgré l'éloignement. « Ma mère était une femme très douce, souriante, qui adorait ses enfants et qui a su entretenir chez nous cet esprit de famille », précise son fils. Jean-Luc aime retourner à l'occasion dans sa Sarthe natale pour visiter son père qui, à 88 ans, est toujours aussi épris de jardinage.

CORVÉES GOURMANDES

Tous les matins, Jean-Luc allait chercher deux bidons de lait et deux mottes de beurre chez les amis de ses parents. « Sauf pour les vaches, nous vivions en quasi-autarcie grâce aux arbres fruitiers, au jardin et à notre fermette qui comptait chèvres, cochons, lapins, canards et des poules qui donnaient des œufs frais. Ma mère achetait rarement des aliments au village, sauf le pain au boulanger d'en face ou le camembert et la rillette. » Deux fois par année, on apportait au boucher un cochon, qu'il tuait, faisant ensuite boucherie pour la famille. Les fins de semaine, maman Boulay préparait une pièce de viande provenant de la basse-cour : poulet rôti, poule au pot avec beaucoup de légumes ou lapin à la moutarde. Les œufs sur le plat et les poireaux vinaigrette, les rillettes du Mans avec miche de pain et grosse salade ou les flageolets à la saucisse composaient l'ordinaire des menus. Mais les légumes du jardin restaient les vedettes incontestées, même si Jean-Luc se plaignait souvent qu'ils étaient trop cuits et manquaient de beurre. On mange aussi beaucoup de desserts aux fruits, comme la tarte aux pommes normande ou le clafoutis aux cerises. « La cuisine de ma mère était peut-être un peu fade, mais d'une fraîcheur irréprochable. J'ai appris d'elle l'importance de la qualité des produits », constate Jean-Luc.

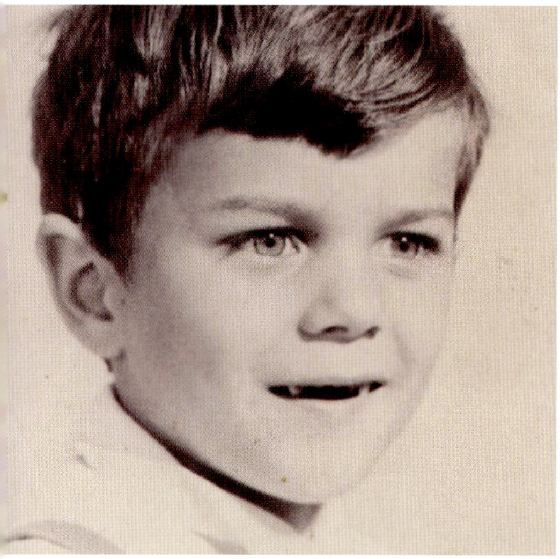

Jean-Luc Boulay à six ans ; avec ses frères et sœurs ; en compagnie de son père, un passionné de jardinage.

LES ANNÉES D'APPRENTISSAGE

Dès l'âge de 10 ou 12 ans, après avoir vu des émissions de télévision mettant en vedette des chefs et des apprentis, Jean-Luc annonce à ses parents qu'il aimerait devenir cuisinier, ce qui n'étonne guère sa maman. « J'étais déjà très gourmand et je trouvais que c'était une belle manière de m'assurer de bien manger toute ma vie », avoue-t-il, sourire en coin. Les parents de Jean-Luc accèdent à sa demande et le placent en apprentissage dès la fin de son cours secondaire. À 15 ans, il débutera à l'Auberge du Dauphin, à Saint-Pierre-des-Nids, dans la Mayenne et il ne reviendra chez lui que le dimanche, couvrant 100 kilomètres sur son petit scooter pour aller visiter sa mère. Son frère Patrick l'aidera à se préparer aux examens du certificat d'aptitudes professionnelles, le fameux CAP français, qui ouvre les portes du métier aux aspirants chefs.

L'AUBERGE DU DAUPHIN

Pour exigeantes que soient ces deux années de formation, Jean-Luc Boulay sait qu'il a trouvé sa voie. « On travaillait de huit heures le matin à minuit, six jours sur sept, pour préparer déjeuners, dîners et soupers; et tous les samedis, on créait des banquets de baptême ou de mariage très raffinés en servant des saumons entiers froids ou des omelettes norvégiennes. » Si son patron d'apprentissage est un homme autoritaire, il est aussi juste et détecte rapidement en lui un talent prometteur. Comme son auberge se spécialise dans les plateaux de fruits de mer, tous les mardis, dès trois heures du matin, il emmène son apprenti à Caen, sur le bord de la mer, et ensemble ils remplissent le camion de coquilles Saint-Jacques, de turbot, de homards, de crabes, d'huîtres, de palourdes, de langoustines et de bigorneaux. Au retour, quatre heures plus tard, on s'arrête manger une entrecôte et boire un verre de vin, malgré l'heure matinale. « J'ai appris énormément avec ce chef sur la préparation des poissons et des fruits de mer. C'était un homme intraitable sur la qualité. Il fallait le voir engueuler les fournisseurs quand les produits n'étaient pas à la hauteur », raconte Jean-Luc, qui dit avoir été marqué par cette rigueur. Et même si, au début, il n'est pas trop amateur, son maître l'oblige à déguster un verre de vin différent chaque soir après le service pour lui apprendre à les différencier et à raffiner son palais.

Mais c'est lorsqu'il passe son certificat d'aptitudes professionnelles que Jean-Luc réalise combien son patron d'apprentissage est fier de lui. « Il m'a offert le livre de cuisine d'Escoffier et le Larousse gastronomique, puis il m'a emmené à Paris pendant deux jours pour me faire découvrir la ville et manger au célèbre restaurant Lido. J'étais très touché d'être autant gâté pour ma réussite. C'est une étape importante dans une vie ! » précise Jean-Luc, qui ne s'arrêtera pas en si bon chemin. Il s'inscrit aussitôt au concours d'apprenti de l'année du département de la Mayenne et raflera la première place. Puis, il s'inscrit à la compétition du meilleur apprenti de France, qui le sacrera troisième meilleur de l'Hexagone. Il n'a que 17 ans.

Jean-Luc Boulay au marché public de Sainte-Foy ; pendant son apprentissage à l'auberge du Dauphin ; en compagnie de son père dans son jardin, dans la Sarthe.

LA MONTÉE À PARIS

La carrière prend son envol. « Mon patron m'avait placé au Cœur volant, à Louveciennes (banlieue de Paris), un restaurant haut de gamme où le chef était italien et fort sympathique. J'ai commencé comme garde-manger ; après six mois, je suis passé aux poissons, avant de travailler aux desserts sous les ordres d'un excellent chef pâtissier, qui m'a tellement appris ! J'aimais la beauté de la pâtisserie, son côté artistique et sa précision. » Jean-Luc restera deux ans et demi au Cœur volant avant d'être appelé au service militaire à l'âge de 20 ans. Après un entraînement de trois mois au tir (pour lequel il se découvrira un don, ce qui aura son importance plus tard lorsqu'il s'initiera à la chasse), il sera placé comme cuisinier au mess des officiers, à Saumur. L'expérience se révélera somme toute positive, car il a accès à de très beaux produits pour préparer réceptions protocolaires et repas spéciaux. Par la suite, un bref séjour à l'aéroport d'Orly dans les cuisines d'Air Catering lui fera rencontrer un cuisinier qui a de la famille au Canada et qui l'encourage à s'y installer. Le 10 mai 1976, à 21 ans, Jean-Luc Boulay tourne la page sur le premier chapitre de sa vie et s'envole pour le Québec, son billet d'aller simple et son visa de travail en poche, en quête d'aventure et de grands espaces.

LE QUÉBEC ET LE GRAND AMOUR

Lorsqu'il débarque à l'aéroport de Dorval, il a déjà un emploi qui l'attend à l'hôtel Loews Le Concorde de Québec ; le chef Michel Azéma l'accueille à bras ouverts en cette année olympique où la pénurie de cuisiniers qualifiés se fait cruellement sentir. « Michel était un excellent chef et un grand voyageur. Il m'a enseigné la sculpture et la création de pièces montées, la gestion d'une cuisine de grand hôtel, les banquets. » Dès son arrivée, le jeune homme est frappé par le charme de Québec, qui lui rappelle Saint-Malo, mais aussi par tout ce qui reste à accomplir dans sa profession. « Il y avait peu de restaurants de qualité et de produits haut de gamme, se souvient Jean-Luc, mais j'étais stimulé à l'idée d'apporter ma contribution. » Il passera deux ans et demi au Concorde, où il sera nommé chef du nouveau restaurant gastronomique Le Bœuf charolais. « Tout en travaillant, je continuais de suivre ce qui se faisait en France, comme l'avènement de la nouvelle cuisine, sous l'influence des frères Troisgros ou de Michel Guérard. Le Concorde fut une expérience valorisante pour moi et j'y ai beaucoup appris. » Jean-Luc retiendra la leçon et lorsqu'il deviendra à son tour patron, il travaillera à stimuler ses cuisiniers en leur offrant constamment de nouveaux défis et des modes d'apprentissage renouvelés. « Si mes employés restent avec moi, c'est parce que j'essaie de leur donner ce que j'ai moi-même toujours recherché. »

QUAND L'AMOUR EST AU RENDEZ-VOUS

Mais c'est dans l'ascenseur qui le conduit au restaurant rotatif l'Astral avec son chariot de pâtisseries que se joue l'avenir de Jean-Luc Boulay, lorsqu'il rencontre une jolie blonde qui fait les ménages pour payer ses études de secrétariat médical. « Elle avait un sourire chaleureux qui m'a charmé instantanément et une jolie voix empreinte de gentillesse. Je lui ai offert une pâtisserie, elle a choisi un éclair au chocolat. Ça a été le coup de foudre ! » Jean-Luc vient de rencontrer Linda Therrien, qui deviendra sa complice, son associée, sa partenaire de voyage, sa muse, sa plus sévère critique et sa plus fervente admiratrice. Elle le soutiendra dans sa carrière afin de lui permettre de réaliser son plein potentiel de cuisinier tout en tra-

RESTAURANTS

Jean-Luc Boulay, à gauche, et Jacques Fortier du Restaurant Le Saint-Amour.

Quand on évoque le mois de février, la fête de la Saint-Valentin s'impose à notre esprit et, dès lors, on commence à chercher un restaurant où il serait sympathique d'aller dîner à deux, car, effectivement, certains restaurants s'y prêtent mieux que d'autres. Question de décor, de musique, de disposition des tables.

J'ai donc pensé vous suggérer trois restaurants spécialement agréables pour les tête-à-tête, que ceux-ci soient d'amour, d'affaires ou d'amitié.

Restaurant Le Saint-Amour. Déjà le nom félicité. La plupart du temps, on y est mieux servi et le personnel a tout le loisir de vous dorloter. Au *Saint-Amour*, on ne demande pas mieux que de satisfaire à vos caprices; il est d'ailleurs indiqué au menu que le chef peut, dans la mesure du possible, préparer un plat qui n'apparaît pas sur la carte, mais que vous souhaiteriez manger. Je m'en suis donc remis au chef et j'ai tout lieu de m'en réjouir.

Une terrine est une terrine, mais celle au lapin du *Saint-Amour* est spécialement bonne. Assaisonnée au poivre vert, elle

dredi de midi à 1
partir de 18h. Prin
acceptées 48, rue S

Jacques Fortier et Jean-Luc Boulay au Saint-Amour dans les premières années, en compagnie de M. Henri Gault, des guides gastronomiques Gault Millau ; Jean-Luc dans sa cuisine du Saint-Amour, dans les débuts ; en compagnie de Jacques Fortier.

vaillant au restaurant. Aujourd'hui, ils ont trois enfants et deux petits-enfants. Mais en 1978, leur amour prend son envol.

DE L'AMOUR AU SAINT-AMOUR IL N'Y A QU'UN PAS...

Jean-Luc a l'impression de tourner en rond dans son métier. En accompagnant Linda au bureau d'emploi pour une entrevue, il tombe sur une annonce qui éveille sa curiosité : Nouveau resto cherche jeune chef pour relever défi. « C'était signé Jacques Fortier, avec un numéro de téléphone que j'ai composé sur-le-champ. Je suis tombé sur Jacques, qui m'a paru fort sympathique. » Le principal intéressé s'en souvient très bien. « Je commençais à être découragé, après avoir rencontré cinq candidats inexpérimentés. » Jacques Fortier voulait créer un bistro français chaleureux et sans prétention, mais où la cuisine serait faite selon les règles de l'art. « J'avais pris juste assez d'expérience en restauration dans des aventures d'été à l'île d'Orléans pour savoir que je voulais évoluer dans cet univers-là. Je faisais aussi du commerce d'antiquités, mais je tenais à ouvrir mon restaurant. » Il avait mis la main sur un local du Vieux-Québec situé rue Sainte-Ursule qui avait déjà connu des jours meilleurs et, aidé de copains, il en complète la rénovation lorsque Jean-Luc le contacte. Jacques est très impressionné par le curriculum vitæ du jeune chef et la lettre de recommandation dithyrambique de l'armée. « Je me suis dit : si c'est assez bon pour le brigadier général de France, ce devrait sûrement être assez bon pour moi », lance-t-il dans un grand éclat de rire. La mayonnaise prend instantanément entre les deux jeunes hommes, qui conviennent de se retrouver plus tard dans la semaine, non sans que Jean-Luc fasse d'abord ses devoirs. « Je lui ai dit d'aller manger au Biarritz, un bistro français qui correspondait à ma vision, puis de me composer un menu pour notre futur restaurant, ce qu'il a fait dès le lendemain », raconte Jacques Fortier, qui, pour leur seconde rencontre, donne rendez-vous à Jean-Luc chez lui. « Jacques avait faim et il m'a demandé de lui préparer quelque chose, relate Jean-Luc. Je lui ai fait une omelette à je ne sais plus quoi; il m'a dit que c'était la meilleure de sa vie. » Il lui montre alors le menu de plusieurs pages qu'il a créé ; pour Jacques, cela scelle l'entente, car ce menu correspond en tous points à ce qu'il a en tête. Les deux hommes s'associent avec la bénédiction des parents de Jacques, qui donnent un coup de pouce au démarrage de l'entreprise. Linda, elle, est emballée que son amoureux soit déjà chef copropriétaire d'un restaurant français à 23 ans. Ils se marieront l'année suivante.

DEUX FAMILLES UNISSENT LEURS DESTINÉES

Au premier contact, Linda s'entendra à merveille avec Claire, la femme de Jacques, avec qui elle travaillera en salle dès l'ouverture. Le sort en est jeté. « Le Saint-Amour, c'est l'histoire de deux familles qui ont évolué ensemble pendant plus de 30 ans dans l'harmonie parce qu'elles étaient portées par un projet commun qui leur tenait à cœur », résume Jacques. Linda opine. « On a élevé nos enfants en même temps qu'on faisait avancer le restaurant ; ils y ont tous travaillé et jamais il n'y a eu d'accrochages ou de divergences d'opinion majeures entre nous. » Pour Claire, ça aura été une belle aventure, rendue à son apogée. « La clé du succès du Saint-Amour, c'est le talent extraordinaire de cuisinier de Jean-Luc, son éthique de travail hors du commun, portée par la vision de Jacques, qui a toujours cherché à développer le restaurant de manière qu'il soit à la hauteur de ce talent et qu'il reflète l'évolution de Jean-Luc comme chef. » Jean-Luc lui, constate que la

Le cellier du Saint-Amour ; Jean-Luc et Jacques Fortier aujourd'hui ; Pierre Lemay, maître d'hôtel et l'un des plus anciens employés du Saint-Amour.

complémentarité des tempéraments et des compétences de chacun a conduit à la réussite. « Jacques est quelqu'un de sociable, très doué pour les relations humaines, avec un sens inné du marketing et du développement des affaires. Il m'a toujours fait confiance et laissé les coudées franches tout en respectant ma personnalité, qui est plus réservée. » Chaque soir, après le service, les deux associés devenus amis s'assoient devant un steak et une bouteille de vin en discutant de leur journée, des projets à venir et des problèmes à régler.

DE TROQUET À RESTO GASTRONOMIQUE

En 1978, le Saint-Amour est un bistro français sympathique, doté d'une très jolie terrasse bordée d'ormes magnifiques, que la ville fera couper quelques années plus tard parce qu'ils sont malades. « On était déçus, car ces arbres donnaient tout un cachet, relate Jacques. Mais cela nous permettra de créer une terrasse couverte qui augmentera considérablement le nombre de places du restaurant, et, du même coup, notre rentabilité. » Pour le tout premier menu du soir, le chef propose une douzaine d'entrées, dont la mousse de foies de volaille, la terrine de poisson sur herbes fines, la salade de champignons frais à la coriandre ou les crevettes de Matane à la provençale. En plat principal, le suprême de doré au sabayon au poivre, le ragoût fin de pétoncles et de crevettes au Noilly Prat, les mignonnettes de veau à l'orange et au Grand Marnier, le foie de veau poêlé à la fondue d'oignon ou le tournedos béarnaise sont offerts à des prix variant de six à onze dollars. Inutile de dire que le succès est instantané, même si en cuisine les conditions sont difficiles. Roger Tremblay y a débuté le jour de l'ouverture comme plongeur, à l'âge de 15 ans. Trente-trois ans plus tard, il est chef de jour, ayant fait sa formation professionnelle avec Jean-Luc comme maître d'apprentissage. « On lavait la vaisselle dans l'eau jusqu'aux coudes, sans lave-vaisselle, et Jean-Luc travaillait dans une cuisine comme celle d'une maison, ce qui ne l'empêchait pas de faire des miracles et de servir un grand nombre de repas chaque jour. On travaillait très fort avec les moyens du bord, sans personnel, mais l'ambiance était fantastique et tout le monde, très enthousiaste. »

Huit ans plus tard, les cartes du printemps 1986 et de l'automne 1987 témoignent déjà d'une évolution spectaculaire vers une cuisine du marché raffinée et saisonnière qui sera la signature du Saint-Amour : crème de pleurotes aux fines herbes, galantine de canard de Barbarie truffée à l'orange, timbale de faisan aux champignons des bois et aux baies sauvages, filets de truite soufflés au gingembre, duo de cailles farcies aux pleurotes, noix de ris de veau à la chair de langoustines. « Jean-Luc commençait à avoir accès à un plus grand choix de produits de qualité et cela, allié à toutes les formations qu'il suivait, lui a permis d'avancer encore plus vite comme cuisinier », se souvient Roger Tremblay, qui remplaçait son patron lorsqu'il s'absentait.

NOUVEAUX APPRENTISSAGES

Avec l'appui de Linda et de Jacques, Jean-Luc part chaque année se perfectionner dans de grandes écoles. Chez Lenôtre, il suivra une douzaine de formations avancées données par les « meilleurs ouvriers de France » qu'on appelle « mof » dans le métier : cuisson sous vide, entrées sur assiette, nouvelles techniques de cuisine, buffets prestige, gibiers, foie gras, desserts sur assiette, entremets et pâtisseries nouvelles, etc. Il découvrira aussi la cuisine bio végétarienne avec Jean Montagard du Lycée hôtelier de Nice, se perfection-

Avec le chef Norio Negishi, de l'hôtel Okura, au Japon ; avec l'un de ses maîtres d'apprentissage de l'école Lenôtre ; en voyage au Japon pendant une compétition de judo.

nera en charcuterie avec le chef breton Loïc Gauthier, sans oublier ses nombreux stages en pâtisserie et en chocolaterie. « Quand j'ai ouvert le Saint-Amour, j'avais autant d'expérience comme pâtissier que comme cuisinier et on a commencé par faire notre réputation avec les desserts. » Éventuellement, Jean-Luc formera son second Roland-Alain Blanchet pour le remplacer à la pâtisserie, où il excellera. « Dans les années 1990, j'avais envie de passer à autre chose. Je préférais développer le foie gras et pousser plus loin dans le salé ; mais ceux que j'ai formés ont repris notre tradition d'excellence des desserts pour l'amener plus loin. »

Pour Jacques, qui voyait Jean-Luc développer ses aptitudes de cuisinier à toute allure, il devenait essentiel de faire du Saint-Amour un écrin à la hauteur du talent de son chef et partenaire. « C'est à cette époque, dans les années 1990, que notre cuisine est vraiment devenue gastronomique et que nous avons aussi créé le jardin d'hiver tel qu'on le connaît aujourd'hui », rappelle-t-il. Il fera alors affaire avec le designer Giovanni Maur, qui se chargera de transformer le sympathique bistro en un restaurant de prestige. « Tout cela s'est fait peu à peu, sur plusieurs années », explique Jacques. Éventuellement, Jean-Luc redessinera entièrement sa cuisine, l'équipant de tiroirs réfrigérés et de climatisation pour que ses cuisiniers puissent travailler plus confortablement et plus efficacement.

Pierre Lemay est maître d'hôtel et travaille au Saint-Amour depuis 1986. Celui qui a obtenu son diplôme de comptable a pourtant choisi de demeurer serveur tellement il aimait travailler aux côtés du duo. « Jean-Luc est un pince-sans-rire qui a un talent fou pour imiter les gens ; il fallait le voir jouer le chef français mal engueulé pour détendre l'atmosphère quand le coup de feu était au plus fort : " Mais qui est-ce qui m'a fichu un comptable comme chef de salle ! " se plaisait-il à crier en agitant ses casseroles. C'était hilarant ! J'ai tout appris de la cuisine et des produits avec lui ; on jouait au tennis le dimanche. » De son côté, Jacques enseigne à Pierre les rudiments de la sommellerie. « On s'asseyait ensemble pour faire l'inventaire et comme j'étais nerveux parce que inexpérimenté, il se mettait à lire le nom des bouteilles de vin alsaciens ou autrichiens en les déformant pour me faire rire. Mais il m'obligeait aussi à goûter à tout en expliquant que c'était essentiel pour bien servir le client. »

GLOBE-TROTTER EN QUÊTE DE SAVEURS NOUVELLES

Dans les années 1990, le prestige du Saint-Amour allant grandissant, Jean-Luc est souvent invité à l'étranger pour faire connaître notre gastronomie et ses produits lors de salons professionnels ou de semaines thématiques sur le Québec. Ses séjours à l'hôtel Okura de Tokyo, à Kuala Lumpur, Namur, Singapour, Paris, Chicago, New York ou Vancouver lors des Jeux olympiques, en Italie ou en Catalogne sont l'occasion de rencontres extraordinaires qui lui permettent de diversifier sa palette de saveurs. Plus récemment, la découverte de la cuisine moléculaire du célèbre chef Ferran Adrià sera une révélation. « Pour un chef, les voyages suscitent l'inspiration et lui permettent de faire évoluer sa cuisine. C'est crucial pour demeurer à la fine pointe de sa profession », insiste Jean-Luc. C'est à cette même époque que son fils Frédéric se découvre à son tour une passion pour la cuisine et qu'il commence à travailler à ses côtés. Jean-Luc est vite impressionné par la dextérité de Frédéric et par son sérieux. Un autre chapitre de la vie du Saint-Amour s'apprête à débuter avec l'arrivée de la jeune génération…

Jean-Luc Boulay avec sa femme Linda et le chef Ferran Adrià, du célèbre restaurant El Bulli, en Catalogne ; avec le chef Jacques Le Divellec, expert français des poissons et fruits de mer ; avec son fils Frédéric, un jeune chef de talent.

DANS L'ANTRE DU SAINT-AMOUR

Dès que le Saint-Amour a eu suffisamment de ressources pour embaucher des cuisiniers, Jean-Luc Boulay a considéré qu'il était de son devoir de redonner un peu de ce qu'il avait reçu lorsqu'il était lui-même en formation. « À l'époque, c'était d'autant plus important qu'il n'existait pas vraiment d'école vouée à l'enseignement professionnel de la cuisine, raconte-t-il. C'est comme ça que j'ai servi de maître d'apprentissage à mon premier cuisinier, Roger Tremblay, qui travaille avec moi depuis 33 ans. » Très tôt donc, Jean-Luc est devenu un passeur, un développeur de talent. Si son second Roland-Alain Blanchet était déjà un formidable professionnel lorsqu'il l'a embauché, Jean-Luc lui a plus tard enseigné le métier de pâtissier. Ensuite, c'est son fils Frédéric qui a gravi tous les échelons jusqu'à devenir chef des cuisines, entraînant dans cette passion ses amis Christian Lemelin et Benoît Larochelle, qui ont travaillé longtemps au Saint-Amour. Benoît a d'ailleurs remplacé Frédéric lorsqu'il a choisi de faire carrière à l'étranger. Jean-Luc n'a jamais lésiné sur les moyens : en plus des compétitions et de l'apprentissage quotidien, il offre aussi à ses apprentis des stages chez de grands maîtres comme Michel Bras, Régis Marcon ou Michel Cluizel. C'était donc un juste retour des choses qu'on l'honore pour son travail de mentor avec le titre de chef de l'année, la médaille du mérite agricole de France ou le Prix du gouverneur général du Canada pour les arts de la table. Mais ces distinctions ne l'empêcheront pas de se lever tous les matins pour aller travailler avec ses jeunes, le tablier noué autour de la taille…

L'ORGANISATION D'UNE GRANDE MAISON

Comme toutes les grandes maisons, le Saint-Amour est une ruche hyper organisée composée de plusieurs postes de travail bien délimités, qui bourdonne quotidiennement dès huit heures le matin jusqu'à minuit. Quatre-vingts employés de salle, de cuisine, d'entretien et de gestion y travaillent à créer une expérience hors du commun pour les quelque 150 clients qui viendront y passer la soirée. Le service de traiteur est un autre département qui roule à plein régime pour organiser des événements gastronomiques qui vont d'un séjour haut de gamme en forêt avec un menu tout gibier pour 20 personnes à un élégant cocktail dînatoire pour 500 convives. Aux commandes de ce navire amiral depuis près de 35 ans, Jean-Luc Boulay en cuisine et Jacques Fortier en salle. Dans sa cuisine, à la fin des années 1990, Jean-Luc a repensé l'aménagement des lieux afin de rendre le travail des cuisiniers aussi simple et efficace que possible; une autre manière de montrer combien le bien-être de son équipe lui tient à cœur... Outre le confort de la climatisation, auquel il tenait beaucoup, il a créé une seule « ligne de chaud » où chacun des 4 cuisiniers qui prépare les plats principaux et les entrées chaudes est entièrement autonome, avec son propre tiroir réfrigéré, son propre « piano » (le poêle), son propre comptoir de travail et un seul vaste passe-plat pour simplifier la tâche des serveurs qui « enlèvent » les assiettes.

FAIRE CONFIANCE AUX CUISINIERS

« Cette organisation du plan de travail est unique et de toutes les cuisines que j'aie visitées en 15 ans, c'est la plus efficace », note Frédéric Boulay. L'aîné de Jean-Luc sait de quoi il parle, ayant fait de nombreux stages à l'étranger et travaillé dans plusieurs établisse-

ments français étoilés, avant de diriger les cuisines du Saint-Amour pendant cinq ans. Depuis quelques années, Frédéric et sa femme Claudia Bédard voyagent à travers le monde, elle comme spécialiste du marketing et des ventes hôtelières et lui comme chef de haut rang.

« Ce choix de Jean-Luc de réorganiser sa cuisine d'une façon différente dépasse vraiment le simple aménagement physique d'un lieu de travail. C'est toute sa philosophie du métier qu'on y trouve : très bien former ses cuisiniers pour les rendre aussi compétents, responsables, autonomes et polyvalents que possible, capables de dresser des assiettes magnifiques avec un minimum de supervision. » Dans beaucoup d'autres grands restaurants, les cuisiniers ont une seule fonction précise et limitée, dans laquelle ils finissent par exceller, mais où ils apprennent peu. Dans ce système créé par Jean-Luc, le chef de cuisine n'occupe pas un poste fixe au bout de la ligne de chaud, à surveiller chacune des assiettes lorsqu'elles sont prêtes, pour en rectifier le contenu. Il donne simplement un coup de main, en fonction des besoins et du déroulement de la soirée. Et selon Frédéric, puisque chaque cuisinier trouve tout à sa portée dans un rayon de 360 degrés, la fatigue et le stress s'en trouvent considérablement réduits. Il voue d'ailleurs la plus grande admiration à son père. « Non seulement il est une encyclopédie vivante et un formidable pédagogue qui essaie de nous transmettre tout ce qu'il a appris, mais sa propre curiosité à l'égard de la cuisine n'a pas de limites. Il est en perpétuel apprentissage et en constante recherche, à l'affût des nouveautés, à scruter les tendances et à s'informer des derniers gadgets disponibles. »

TRAVAIL D'ÉQUIPE !

À côté de la ligne de chaud et du passe-plat, c'est le garde-manger, la section des entrées froides, où l'on prépare des petits bijoux à base de foie gras, de fruits de mer et de beaux légumes. Ici, c'est le royaume de la minutie et de la fraîcheur, un poste favori pour les cuisiniers qui ont un talent artistique, car la beauté des assiettes est primordiale. Ceux qui occupent ce poste doivent non seulement être créatifs, mais aussi rapides et très précis dans leurs gestes. « C'est sûrement le poste le plus stressant, mais c'est celui que plusieurs d'entre nous préfèrent parce qu'il combine tous les éléments importants, la performance, la beauté, l'adrénaline », explique Nicolas Drouin, au Saint-Amour depuis 8 ans et médaillé d'or au Mondial des métiers en 2007. À la fin du service, la section du garde-manger devient celle où l'équipe de trois pâtissiers d'Éric Lessard dresse les desserts sur assiette. Ces desserts sont préparés dans le laboratoire (comme on surnomme la cuisine du pâtissier), un espace plus calme situé tout au fond de la cuisine ; on termine le dressage à la demande, pendant le service.

Dans l'espace mitoyen, c'est l'aire de préparation, avec les fours combi, les machines pour le sous vide, les « steam pot », ces énormes casseroles à fond arrondi, et de longues tables en acier inoxydable. L'immense chambre froide y occupe le tiers de l'espace disponible. Tout est impeccablement rangé par type d'aliments et dûment étiqueté. Les cuisiniers entrent et sortent constamment pour y prendre ce dont ils ont besoin. Difficile de ne pas saliver devant les terrines de foie gras, les beaux fromages québécois, les cailles et les pigeonneaux charnus, les fonds et les sauces, les salsifis, céleris-raves, haricots fins, betteraves jaunes et les délicates Chioggia, les coulis de fruits aux couleurs vives ou les litres de crème destinés à la préparation de décadents desserts. L'inventaire de la chambre froide est minutieusement tenu à jour par le chef des cuisines, pour s'assurer de la fraîcheur des produits et d'un approvisionnement adéquat.

UNE JOURNÉE DANS LA VIE D'UN GRAND CHEF

C'est dans cet espace mitoyen que le chef s'installe tous les matins lorsqu'il débute sa journée, à 9 h. « C'est un poste stratégique qui me permet de voir ce qui se passe dans toutes les sections et de superviser le travail de ma brigade », explique Jean-Luc, qui aime bien jeter un œil sur les produits que lui livrent ses fournisseurs par la porte de côté, histoire de s'assurer de leur fraîcheur. Depuis une dizaine d'années, ce dernier a délaissé les fourneaux à cause du stress intense et il se consacre désormais au développement de son service de traiteur. « Après le départ de ma chef traiteur Linda Pelletier, avec qui j'ai travaillé pendant 15 ans, j'ai longtemps cherché quelqu'un de suffisamment compétent pour la remplacer. Mais dès que j'ai embauché Stéphanie Lavergne, il y a cinq ans, j'ai su tout de suite qu'elle avait les qualités nécessaires pour ce poste de responsabilité : la minutie, l'esprit créatif et un solide sens pratique parce que ce ne sont pas tous les plats qui conviennent à un service de traiteur. »

La journée d'un chef de la trempe de Jean-Luc n'est pas différente de celle d'un autre cuisinier. Elle est rythmée par 100 choses différentes. Seuls le niveau de responsabilités et la diversité de ces responsabilités diffèrent. Une fois le plan de travail de la journée déterminé et les tâches réparties entre les différents postes, chacun se lance. Pendant que Roger Tremblay débite les pièces de viande et les poissons entiers d'une impeccable fraîcheur et qu'Ariel Ramirez (au Saint-Amour depuis 18 ans) se met en place pour son service du midi, Jean-Luc débute ses préparations : foie gras, bouchées apéritives, préparation d'un fond pour une sauce ou de champignons sauvages pour une duxelles. Il s'interrompt constamment pour répondre au téléphone, puis discute avec Stéphanie des derniers éléments d'un menu de 400 convives prévu pour le lendemain. Une émission de télévision sollicite sa participation et ses recettes pour la semaine suivante et cinq minutes plus tard, il doit remplacer un cuisinier malade à pied levé. À l'heure du midi, un ami producteur de fromages vient lui présenter un nouveau produit, puis il s'installe avec Jacques dans le bureau pour discuter d'un projet de bistro qu'ils étudient depuis longtemps. Dans l'après-midi, il préparera un de ses apprentis à une compétition culinaire qui se tient le mois suivant en Colombie-Britannique où le jeune homme a toutes les chances d'arriver premier. Vers 15 h, il s'installe à une table du petit salon avec son chef des cuisines Benoît Larochelle pour planifier la nouvelle carte d'automne. Ce n'est que vers 16 h, une fois que son équipe du soir a pris la relève et que tout est prêt pour le service du souper que Jean-Luc quittera le restaurant. Avant de rentrer à la maison, il fera un saut au marché de Sainte-Foy, où son copain Paul veut lui faire découvrir les échalotes de Sainte-Anne, ou bien il assistera à une réunion de la Société des chefs cuisiniers et pâtissiers du Québec ; à moins qu'il n'aille accueillir à l'aéroport un chef français qu'il a invité à animer une semaine gastronomique spéciale au Saint-Amour. Sans parler de ses fréquents voyages dans les salons culinaires d'ici et d'ailleurs ou d'événements gastronomiques auxquels il est invité.

EN SALLE COMME AU THÉÂTRE

Attablé devant une assiette de saumon, Jacques Fortier parcourt les salles du Saint-Amour d'un regard circulaire. Là où était autrefois une porte cochère menant à l'écurie du bâtiment construit en 1840 qui fut longtemps une auberge, se tient maintenant un magnifique bar qui facilite la transition entre les différents paliers. L'équipe de service met la dernière main aux préparatifs du soir : dans un coin, Simon (dit le roux) essuie des verres, pendant que Simon Jobin, le chef sommelier, discute avec le représentant d'une agence de vins pour commander un sauvignon blanc en importation privée. Le cellier du Saint-Amour, situé au second plancher, compte 14 000 bouteilles, des spécialités axées sur le vignoble français et européen, avec un accent mis sur les petits artisans et les produits signature. Simon fait aussi une belle place aux produits en provenance de la Loire, la région d'origine du chef Boulay, tout en s'assurant d'avoir des vins qui sont des alliés naturels des plats. Installé devant le bar, l'assistant maître d'hôtel Jérôme Rioux étudie la nouvelle carte d'automne que viennent de créer les chefs, car c'est lui qui en expliquera aux serveurs les subtilités. Pierre Lemay, le doyen, et un des jeunes commis montent des tables pour un groupe de vingt convives dans le petit salon d'en avant, tandis que Myriam apporte des nappes fraîchement repassées pour préparer le populaire jardin d'hiver, auquel le designer Giovanni Maur vient d'ajouter un éclairage moderne et de nouvelles chaises. Les dernières rénovations qu'il a dirigées l'année précédente ont permis d'entrouvrir la cuisine sur la salle en installant des panneaux de verre givrés. La scène du Saint-Amour est prête pour une autre de ses grandes représentations gastronomiques.

LE TRAC D'AVANT SPECTACLE

« Dans un grand restaurant, on est en représentation constante et il faut que tout soit réglé au quart de tour, confirme Jacques Fortier : du décor à l'accueil du client et à la prise de commandes, en passant par le choix des vins, le service de chaque plat et l'interaction avec les convives, qui doit être bien dosée et adaptée selon la réponse de l'auditoire ! » C'est une des forces du Saint-Amour que de savoir accueillir les clients avec chaleur et simplicité tout en offrant un service raffiné et efficace et c'est la responsabilité de l'équipe de salle, gérée conjointement par Pierre Lemay, Gilles Doucet, Jérôme Rioux et Simon Jobin. Ils assurent la formation du personnel (qui a un solide bagage en service de table et en sommellerie) et ils règlent aussi les problèmes qui peuvent survenir. Mais leur responsabilité va jusqu'à s'assurer que les fleurs dans les vases sont fraîches ou que l'éclairage est adéquat. « On a tous un peu les papillons avant le début du service, confie Jérôme, parce qu'il faut livrer une performance sans faute soir après soir. Mais comme on adore notre métier, dès que les premiers clients arrivent, le trac disparaît et on ne pense qu'à séduire notre public, comme au théâtre ! » Que ce soit pour des clients réguliers, des touristes ou des stars comme Sting ou Paul McCartney, le spectacle se doit d'être à la hauteur des attentes. « Nous avons la chance d'avoir un groupe d'employés chevronnés qui ont le restaurant à cœur autant que si c'était leur propre commerce; après 33 ans, c'est vraiment très apprécié pour Jean-Luc et pour moi de pouvoir ainsi faire confiance à notre équipe pour garantir la qualité à toutes les étapes du repas », résume Jacques, qui espère pouvoir leur passer la main au moment de la retraite…

FORMER DES CHAMPIONS

Sur les 18 cuisiniers qui travaillent avec Jean-Luc Boulay au Saint-Amour, tous lui portent une affection quasi filiale. « C'est rare un patron qui nous traite avec amitié, un peu comme si on était ses enfants plutôt que comme des numéros et qui sait se mettre à notre niveau pour nous enseigner le métier », confie Sabrina Lemay, sous-chef de soir au poisson et au garde-manger. Sébastien Laframboise apprécie la passion contagieuse de Jean-Luc, le soin qu'il prend pour préparer ses employés aux différentes compétitions auxquelles ils s'inscrivent. « On sent la fierté qu'il a pour nous, il est très rigoureux lorsqu'il organise notre entraînement, mais il sait aussi comment détendre l'atmosphère d'une bonne blague. » Sabrina n'en revient pas encore d'avoir été choisie pour aller passer un mois chez le grand chef Régis Marcon, en France, au mois de novembre.

Le chef des cuisines Benoît Larochelle le confirme : « Jean-Luc a vraiment à cœur notre réussite, qu'on puisse réaliser nos rêves. Mais c'est aussi un perfectionniste qui s'attend à ce qu'on livre la marchandise. Et comme il travaille lui-même très fort, on n'a d'autre choix que de se montrer à la hauteur. » Quand Sabrina Lemay est arrivée au Saint-Amour il y a trois ans, après un passage au Manoir Richelieu, sa collègue Stéphanie Lavergne (chef traiteur) venait de remporter la compétition des apprentis cuisiniers du Québec. « Jean-Luc m'a pointée du doigt et il a dit devant tout le monde : « La prochaine, c'est toi ! Ici, on ne forme que des champions ! » J'en ai fait des cauchemars pendant un an ! » Mais Jean-Luc l'a préparée progressivement et dans la bonne humeur et, à son tour, elle a gagné cette compétition. Même chose pour plusieurs autres membres de la brigade, dont Sébastien Laframboise, qui a été lauréat en cuisine et en pâtisserie et qui vient de rafler l'or au niveau canadien. « J'ai vu l'importance qu'ont eue dans ma vie les chefs qui m'ont formé, combien chaque établissement et chaque poste occupé a contribué à faire de moi un meilleur cuisinier, explique Jean-Luc Boulay. À 15 ans ou 20 ans, j'avais soif d'apprendre et je sais que c'est la même chose pour mes jeunes apprentis. Alors, j'essaie de leur fournir le plus grand nombre d'outils possible pour les motiver, les stimuler et leur permettre de toujours aller plus loin en se perfectionnant. » Il considère aussi les compétitions comme un symbole de l'adrénaline et de la performance inhérents à ce métier et il tient à ce que ses cuisiniers sachent clairement dans quoi ils s'embarquent lorsqu'ils choisissent cette carrière.

L'AMITIÉ DES PRODUCTEURS

Depuis plus de 20 ans, Jean-Luc Boulay encourage, bon an mal an, entre 80 et 100 artisans, dont la plupart sont de sa région. « Je le dis toujours et je le répéterai jusqu'à la fin : sans bons produits, il n'y a pas de bonne cuisine. » Il cite l'exemple de la France où, depuis fort longtemps, on trouve tout un lot de petits producteurs dont le travail consiste à approvisionner les grandes tables en ingrédients irréprochables. « Il n'y a aucune raison pour que nous ne puissions pas faire la même chose ici grâce à un réseau d'entraide qui débute avec les cuisiniers, puis qui s'étend éventuellement jusqu'au grand public. » D'ailleurs, la région de Québec est réputée pour ce lien direct de la terre à la table.

Parmi ses produits favoris, Jean-Luc compte les belles verdures du célèbre jardinier des chefs, Jean Leblond, les légumes biologiques de Marc Bérubé, de la Ferme des Monts, le jus de bleuets « Bleu d'ici », du Lac-Saint-Jean, le canard et le foie gras de la Ferme du Canard goulu, le cerf de Boileau, les beaux fromages fermiers de Rudy Ducreux, un jeune Français qui est venu s'établir il y a quelques années dans la région de Portneuf, le fromage de Sainte-Marguerite, dans la Beauce, le cassis de Monna et Filles, à l'île d'Orléans et les cailles de l'île d'Orléans, l'émeu de Raymonde Tremblay, les pleurotes de Charlevoix, les canneberges Nutra-Fruit, les pains d'Éric Borderon, le saumon fumé du Fumoir Grizzly, les cidres de M. Pedneault, à l'Isle-aux-Coudres et ceux des vergers Bilodeau, à l'île d'Orléans. « Ce qui est formidable et très encourageant, c'est que l'offre de beaux produits s'est multipliée par cent au Québec, depuis 35 ans », constate avec enthousiasme Jean-Luc Boulay, qui est persuadé que l'on n'est qu'au début de cet engouement pour les ingrédients locaux dont on connaît la provenance et la composition. « Les Québécois sont le peuple le plus gourmand et le plus curieux que je connaisse. Quand ils se mettent à aimer quelque chose, ils ne s'arrêtent pas à mi-chemin et j'ai bien l'intention de continuer à les encourager dans cette voie ! »

FOIE GRAS

De l'or en barre et un véritable péché mignon : voilà ce que symbolise le foie gras pour Jean-Luc Boulay. Ce dernier ne renierait jamais ses origines, ne serait-ce que parce qu'il est reconnaissant à son pays natal d'avoir passé un amendement à la Loi d'orientation agricole, faisant du foie gras un élément protégé du patrimoine gastronomique français et l'un des mets les plus recherchés au monde. « Il fallait quand même un certain courage, étant donné la controverse qui entoure le gavage des canards », constate le chef Boulay, qui a son idée là-dessus… On ne s'étonnera donc pas que, depuis une quinzaine d'années, le foie gras soit devenu la spécialité du Saint-Amour. Pas moins de 25 kilos de foie gras entrent chaque semaine dans la préparation d'une quinzaine de plats qui varient selon les saisons et l'inspiration : foie gras poêlé, en terrine, au torchon, confit, truffe, potage, cornets, crème brûlée ; sans oublier les nombreuses recettes qui utilisent le foie gras dans la sauce ou en garniture, histoire de leur conférer un zeste de prestige supplémentaire. Jean-Luc a eu l'idée de devenir l'ambassadeur québécois du foie gras après avoir suivi un atelier de l'École Lenôtre portant sur sa cuisson sous vide à la façon du chef Joël Robuchon. « Quand on est un établissement gastronomique, on se doit d'offrir des produits d'exception à sa clientèle, explique le chef Boulay. Une fois passée la vague d'engouement pour le caviar, j'étais à la recherche d'un autre ingrédient de luxe à mettre sur ma carte pour l'enrichir. »

LA FERME DU CANARD GOULU

Mais il fallait d'abord s'assurer d'un approvisionnement constant en foie gras de la meilleure qualité auprès d'un éleveur qui traitait ses canards avec le plus grand respect. Au Québec, à l'époque, c'était un pari difficile, car on trouvait peu de producteurs de canard fermier et la plupart avaient un volume limité. Heureusement, Marie-Josée Garneau et Sébastien Lesage, de la Ferme du Canard goulu, à Saint-Apollinaire, sur la rive-sud de Québec, purent rapidement satisfaire aux exigences du chef, qui sera l'un des premiers à les encourager. Depuis, Jean-Luc Boulay n'a jamais voulu travailler avec d'autres lobes de foie gras que ceux de ces deux jeunes avocats devenus agriculteurs par gourmandise en 1997. La Ferme du Canard goulu élève aujourd'hui 50 000 canards de Barbarie annuellement. Outre le foie gras, elle offre une panoplie de découpes et de mets cuisinés, en plus d'avoir des boutiques et un restaurant qui propose le canard, de l'entrée au dessert. Les bêtes sont abattues à la ferme, ce qui leur évite le stress du transport, lequel endommage les précieux foies en leur occasionnant des ecchymoses.

PEUT-ON GAVER DE FAÇON ÉTHIQUE ?

À l'instar de nombreux chefs québécois et français, Jean-Luc Boulay croit que oui. L'une des raisons qui l'ont d'ailleurs conduit à travailler avec les artisans de la Ferme du Canard goulu, c'est le soin qu'ils mettent dans les repas de gavage, qui ne durent que deux secondes, deux fois par jour, au cours des trois semaines précédant l'abattage. Les canards ne consomment alors que du maïs et de l'eau, ils ne sont jamais forcés à manger et ils vivent en semi-liberté plutôt qu'en cage, contrairement à ce que plusieurs croient. « Nos éleveurs de canard fermier travaillent vraiment selon les règles de l'art, constate Jean-Luc Boulay avec conviction. Ils utilisent une technique traditionnelle vieille de 4 000 ans, qui consiste à recréer les conditions de gavage ayant cours naturellement chez ces oiseaux migrateurs. Leur jabot très élastique est fait pour absorber des surplus de nourriture, qui se transforment ensuite en réserves. Nous devrions apprécier ce produit exceptionnel avec tout le respect qui lui est dû. » Car ces méthodes n'ont rien à voir avec l'élevage industriel en cage, tant décrié à juste titre. Le chef Boulay salue d'ailleurs les initiatives de certains producteurs québécois qui invitent les visiteurs à assister au repas de gavage afin de démystifier le processus et de constater sur place que les bêtes ne souffrent pas.

ÉRIC BORDERON

Éric Borderon est un autre complice de la première heure qui approvisionne le Saint-Amour en baguette et en pain de campagne. Il fabrique aussi exclusivement pour le restaurant une délicieuse brioche à foie gras.

UN PRODUIT DÉLICAT

Reste que le foie gras est un produit très délicat, qu'il convient de préparer avec grand soin. Le chef Boulay a dressé une liste des éléments à surveiller.

- Toujours choisir des lobes (foies gras entiers) de 450 à 500 g. Les foies gras plus volumineux subissent beaucoup de perte à la cuisson.
- Choisir un foie gras blond, sans taches de sang ni ecchymoses visibles.
- Comme il faut cuisiner le foie gras le plus rapidement possible après l'abattage, il est important de faire affaire avec un producteur reconnu, qui peut fournir cette information.
- Pour éviter des pertes trop importantes à la cuisson, s'assurer que le foie gras est légèrement souple au toucher.
- Peu importe la méthode de cuisson choisie (torchon, poêlé, terrine, etc.), il est essentiel de cuire le foie gras suffisamment en utilisant un thermomètre à viande pour mesurer la température à cœur (voir les recettes de la section « Foie gras »).
- Le foie gras mi-cuit a une texture molle et il ne se conserve que 3 jours. Ce n'est pas la meilleure façon de cuire ni de servir le foie gras.

LE RITUEL DU FOIE GRAS AU SAINT-AMOUR

C'est un rituel qui a cours depuis des années : tous les mardis, jour qui suit l'abattage à la Ferme du Canard goulu, Marie-Josée Garneau livre 25 kilos de foie gras d'une appétissante couleur crème à Jean-Luc. Ils ne sont pas emballés sous vide, car cela compresserait les vaisseaux sanguins et endommagerait le produit, en plus de compliquer le déveinage. Ne cherchez pas le chef ailleurs que dans la section arrière de sa cuisine, où il dispose lui-même avec soin les précieux lobes sur la grande table en acier inoxydable. Il commence par remplir des culs-de-poule de glace et d'eau, auxquels il ajoute du gros sel. Puis il y plonge les foies gras et les laisse dégorger. Ensuite, aidé de son chef Benoît Larochelle, de Mathieu Gauthier ou d'un autre cuisinier, Jean-Luc procède délicatement au déveinage, ouvrant les lobes en deux par le milieu et retirant d'abord « l'araignée », le réseau principal de veines, avant de répéter l'opération avec tous les autres morceaux pour retirer les plus petits vaisseaux sanguins. Aucun gaspillage n'est toléré, car même les parures de foie gras permettent de créer de délicieuses recettes. Ensuite, on passe à la préparation des terrines, que l'on fait mariner avec de l'armagnac (voir recette p. 44), avant de les cuire sous vide à très basse température pour minimiser les pertes de gras.

Crème chaude de foie gras au sirop de bouleau

POUR 4 PERSONNES

- **150 g (5 oz) de foie gras cru**
- **100 ml (7 c. à tab) de lait 1 %**
- **Sel et poivre blanc du moulin, au goût**
- **Sirop de bouleau (pour décorer)**

Accord vin

Vouvray Demi-Sec 2009, Domaine Huet
Code SAQ : 10389785 – 34,75 $

Couper le foie gras en petits dés et assaisonner. Faire chauffer le lait et y pocher doucement le foie gras pendant 5 minutes. La température du lait ne doit pas dépasser 70°C (158°F).

Au terme de la cuisson, mixer le tout au Thermomix ou au mélangeur et passer au tamis fin.

Vérifier l'assaisonnement et servir avec un filet de sirop de bouleau.

À savoir

Je sers souvent ce foie gras comme mise en bouche, en très petite quantité.

•

Vous pouvez remplacer le sirop de bouleau par du sirop d'érable ou du sirop de petits fruits.

•

Le sirop de bouleau est un produit relativement nouveau qui provient de Saint-Félicien, au Lac-Saint-Jean. Il est fabriqué de la même manière que le sirop d'érable.

Foie gras chaud poêlé au chutney de chicoutai, cassoulet de haricots coco parfumé au vinaigre de Banyuls

RECETTE DE FRÉDÉRIC BOULAY

POUR 6 PERSONNES

CASSOULET DE HARICOTS COCO

- **150 g (5 oz) de haricots coco blancs secs**
- **45 ml (3 c. à tab) d'oignon**
- **45 ml (3 c. à tab) de carotte**
- **30 ml (2 c. à tab) de gras de canard**
- **60 g (2 oz) de bacon**
- **10 ml (2 c. à thé) d'ail frais finement haché**
- **1 grosse tomate mondée, épépinée et hachée**
- **500 ml (2 t) de bouillon de volaille (voir recette en page 238)**
- **15 ml (1 c. à tab) de couenne de jambon de Parme (facultatif)**
- **5 ml (1 c. à thé) de thym ou de sarriette**
- **15 ml (1 c. à tab) de vinaigre de Banyuls**
- **15 ml (1 c. à tab) de persil frais haché**

CHUTNEY DE CHICOUTAI

- **45 ml (3 c. à tab) d'oignon haché**
- **10 ml (2 c. à thé) de beurre**
- **100 g (3 oz) de chicoutai ***
- **15 ml (1 c. à tab) de vinaigre de Banyuls ***
- **15 ml (1 c. à tab) de miel**

FOIE GRAS POÊLÉ

- **1 lobe de foie gras de 500 g (1 lb) environ**
- **Verdurettes pour garnir**
- **Sel et poivre du moulin, au goût**

Accord vin

Banyuls Reserva, Domaine la Tour Vieille
Code SAQ : 884916 – 25,50 $

CASSOULET DE HARICOTS COCO

Tremper les haricots blancs à couvert dans l'eau froide de 12 à 24 heures selon leur qualité. Égoutter, rincer et réserver.

Tailler l'oignon et la carotte en brunoise. Dans une poêle, faire chauffer le gras de canard et y faire revenir à feu moyen le bacon, l'oignon et la carotte. Ajouter les haricots coco, l'ail et la tomate et bien remuer. Mouiller avec le bouillon de volaille. Ajouter la couenne de jambon et le thym et cuire à feu moyen-doux. Assaisonner à mi-cuisson et laisser compoter doucement jusqu'à ce que les haricots soient cuits. Rectifier l'assaisonnement. Ajouter le vinaigre de Banyuls et le persil.

CHUTNEY DE CHICOUTAI

Dans une poêle, faire revenir l'oignon dans le beurre à feu moyen-doux. Ajouter la chicoutai et cuire de 3 à 5 minutes. Ajouter le vinaigre et le miel et poursuivre la cuisson tout doucement jusqu'à l'obtention d'une texture de compote.

FOIE GRAS POÊLÉ

Entre-temps, couper des tranches de foie gras de 90 g (3 oz) par personne. Les cuire dans une poêle chaude 1 minute de chaque côté, en prenant soin de bien les colorer. Retirer du gras de la poêle en cours de cuisson, au besoin. Terminer la cuisson au four à 180°C (350°F) pendant 5 minutes environ ou jusqu'à ce que la température à cœur atteigne 45°C (113°F). Réserver au chaud.

DRESSAGE

Dresser le cassoulet dans des assiettes chaudes. Disposer ensuite le foie gras poêlé sur le cassoulet. Ajouter une grosse cuillère de chutney à la chicoutai sur le foie gras poêlé.

À savoir

**** La chicoutai est un petit fruit qui ressemble à une framboise orangée et qui pousse en abondance sur la Côte-Nord.***

•

**** Le vinaigre de Banyuls est un produit artisanal fabriqué à partir d'un vin liquoreux de grande réputation.***

Foie gras de canard confit au naturel, fleur de sel, marmelade d'airelles rouges, pain brioché d'Éric Borderon

POUR 8 À 10 PERSONNES

- **1 lobe de foie gras d'au plus 600 g (20 oz)**
- **5 ml (1 c. à thé) de fleur de sel**
- **Poivre blanc de Sarawak**
- **Gras de foie gras ou de canard pour recouvrir le foie gras confit**
- **Marmelade d'airelles rouges pour garnir (épiceries fines)**

Accord vin

Passito di Pantelleria 2007, Ben ryé, Donnafugata

Code SAQ : 10520309 – 35 $

Déveiner délicatement le foie gras et le reformer. Saler, poivrer et faire mariner pendant 1 heure au réfrigérateur, enveloppé de pellicule de plastique.

Dans une casserole, chauffer le gras de canard à 70°C (158°F) et y plonger le lobe de foie gras assaisonné. Laisser confire doucement à 65°C (149°F) jusqu'à ce que la cuisson à cœur du foie gras soit à 50°C (122°F).

Laisser refroidir le foie gras dans sa graisse et le garder au réfrigérateur. Attendre 1 semaine avant de déguster avec de la brioche grillée ou des croûtons de pain de campagne et de la marmelade d'airelles vignes d'Ida (airelles rouges).

Foie gras chaud poêlé, fines tartelettes aux pommes caramélisées et jus sirupeux parfumé à l'érable

POUR 4 PERSONNES

FINES TARTELETTES AUX POMMES

- **2 pommes**
- **100 g (3 oz) de pâte feuilletée du commerce**
- **1 œuf (pour la dorure)**
- **30 ml (2 c. à tab) de beurre**
- **20 ml (4 c. à thé) de sucre d'érable**

FOIE GRAS POÊLÉ ET JUS SIRUPEUX

- **4 tranches épaisses de foie gras de 90 g (3 oz) chacune**
- **200 ml (3/4 t) de jus de viande (voir recette en page 238)**
- **20 ml (4 c. à thé) de sirop d'érable**
- **Micro-mesclun pour garnir**
- **Fleur de sel et poivre blanc du moulin, au goût**

Accord vin

Sauternes 2001, Château Armajan des Ormes

Code SAQ : 11563001 – 56 $

FINES TARTELETTES AUX POMMES

Éplucher les pommes, les couper en deux, puis enlever le cœur et trancher finement.

Abaisser la pâte feuilletée à environ 2 mm d'épaisseur. Déposer sur une plaque, piquer à l'aide d'une fourchette, puis badigeonner d'œuf battu. Faire dorer au four à 180°C (350°F) quelques minutes sur toute la surface. Retirer du four, puis étendre les pommes sur la pâte en les faisant se chevaucher.

Badigeonner les pommes de beurre fondu et saupoudrer de sucre d'érable. Remettre au four 30 minutes de plus afin que la pâte soit parfaitement cuite et que les pommes soient bien caramélisées.

FOIE GRAS POÊLÉ ET JUS SIRUPEUX

Chauffer une poêle à feu vif sans utiliser de matières grasses. Saler et poivrer les tranches de foie gras de chaque côté. Colorer environ 1 minute par côté en retirant le surplus de gras, au besoin. Poursuivre la cuisson au four à 180°C (350°F) jusqu'à une température à cœur de 45°C (113°F). Réserver un peu du gras de cuisson pour la garniture.

Entre-temps, faire réduire le jus de viande jusqu'à consistance sirupeuse et parfumer avec le sirop d'érable.

DRESSAGE

Découper la tarte en fines bandes et disposer sur des assiettes chaudes. Déposer à côté de chacune une tranche de foie gras poêlé et napper du jus sirupeux à l'érable. Agrémenter d'une petite salade de mesclun et perler avec un peu du gras de foie gras obtenu à la cuisson.

Opéra de foie gras au cerf rouge truffé et brioché, réduction de balsamique

POUR 6 PERSONNES

PARFAIT DE FOIE GRAS

- **300 g (9 oz) de terrine de foie gras** **(voir recette en page 44)**
- **45 ml (3 c. à tab) de beurre pommade**
- **20 ml (4 c. à thé) de porto blanc**
- **20 ml (4 c. à thé) d'huile parfumée à la truffe**

OPÉRA

- **300 g (9 oz) de viande de cerf rouge (longe, fesse)**
- **6 tranches fines de brioche**
- **45 ml (3 c. à tab) de réduction de balsamique**
- **Sel et poivre du moulin, au goût**
- **Micro-pousses et fleurs comestibles (pour garnir)**

Accord vin

Cahors 2000, Château Gautoul, Cuvée d'Exception

Code SAQ : 852087 – 22,25 $

PARFAIT DE FOIE GRAS

Préparer d'abord le parfait de foie gras. Au robot, mélanger le foie gras avec le beurre, le porto et l'huile parfumée à la truffe afin d'obtenir une crème lisse. Vérifier l'assaisonnement et réserver au réfrigérateur.

OPÉRA

Placer la viande de cerf au congélateur pendant quelques heures et la couper en fines tranches. (Le fait de la mettre au congélateur permet de la couper très finement et plus facilement.)

Déposer un emporte-pièce rectangulaire d'environ 10 cm (4 po) de large x 25 cm (10 po) de long sur une plaque munie de papier ciré ou fabriquer un cadre à l'aide de papier d'aluminium. Étaler d'abord une couche de tranches de cerf. Saler et poivrer, puis, à l'aide d'un pinceau, badigeonner d'huile parfumée à la truffe. Déposer une fine couche de parfait de foie gras et continuer ainsi afin d'obtenir 3 couches de viande et 2 couches de foie gras.

Sur le dessus de l'opéra, déposer les tranches de brioche grillée. Remettre au congélateur pendant 1 heure afin de pouvoir ensuite découper l'opéra plus facilement.

DRESSAGE

Lustrer l'opéra d'huile parfumée à la truffe et décorer d'un trait de réduction de balsamique. Servir avec une salade de micro-pousses et de fleurs comestibles.

À savoir

En saison, vous pouvez utiliser des truffes fraîches finement tranchées.

•

À défaut de faire vous-même la réduction de balsamique, vous pouvez l'acheter dans les épiceries fines.

Pressé de foie gras aux légumes d'automne, vinaigrette dissociée au vin rouge

POUR 1 TERRINE

TERRINE

- **1 carotte rouge**
- **1 carotte jaune**
- **1 blanc de poireau**
- **100 g (3 oz) de betterave jaune**
- **100 g (3 oz) de champignons d'automne, au choix**
- **15 ml (1 c. à tab) de gras de canard**
- **2 lobes de foie gras d'environ 500 g (1 lb) chacun**
- **Fleur de sel et poivre blanc de Sarawak, au goût**
- **Ciboulette ciselée (pour garnir)**
- **Fleurs comestibles (pour garnir)**

VINAIGRETTE DISSOCIÉE AU VIN ROUGE

- **500 ml (2 t) de vin rouge**
- **60 ml (4 c. à tab) de vinaigre de vin rouge**
- **Sel, poivre et tabasco, au goût**
- **150 ml (2/3 t) d'huile d'olive extra-vierge**

- **Salade de micro-verdures pour garnir**

Accord vin

Anjou, Château de Fesles, Vieilles Vignes 2009

Code SAQ : 710442 – 18,15 $

TERRINE

Laver, éplucher et cuire séparément tous les légumes à l'eau salée, puis égoutter et bien éponger avec des essuie-tout. Tailler en fines lanières. Faire revenir les champignons dans le gras de canard et assaisonner. Égoutter, éponger avec des essuie-tout et réserver.

Trancher le foie gras en escalopes d'épaisseur régulière. Saler et poivrer de chaque côté et déposer sur une plaque recouverte de papier parchemin. Préchauffer le four à 100°C (210°F) et cuire les foies gras jusqu'à une température à cœur de 55°C (131°F).

MONTAGE DE LA TERRINE

Chemiser un moule à terrine avec des lanières de poireau cuit en prenant soin d'en réserver quelques-unes pour garnir les assiettes. Recouvrir les poireaux d'une couche de foie gras cuit, puis déposer dessus environ le tiers des légumes en faisant alterner les couleurs.

Recouvrir avec le foie gras, puis de nouveau avec les légumes et finir avec une dernière couche de foie gras. Réserver les légumes restants pour la décoration des assiettes.

Recouvrir la terrine avec le gras fondu du foie gras. Placer une presse d'environ 500 g (1 lb) sur le dessus et réserver au réfrigérateur.

VINAIGRETTE DISSOCIÉE AU VIN ROUGE

Dans une casserole, faire réduire le vin rouge jusqu'à ce qu'il ait la consistance sirupeuse d'une glace. Ajouter le vinaigre et les assaisonnements. Ramener à ébullition, puis ajouter l'huile d'olive. Retirer du feu et réserver. Cette vinaigrette peut également accompagner les poissons et les fruits de mer.

DRESSAGE

Servir ce pressé de foie gras avec la vinaigrette dissociée au vin rouge (ou une vinaigrette au vinaigre balsamique). Accompagner d'une petite salade. Tailler les légumes restants en sifflet et en décorer les assiettes. Garnir de ciboulette et de fleurs comestibles, si désiré.

À savoir

Vous pouvez utiliser vos légumes ou vos champignons préférés. Mais ceux-ci doivent être cuits, épongés à l'aide d'essuie-tout et bien assaisonnés avant d'être ajoutés à la terrine.

•

Cette terrine se conserve au réfrigérateur pendant 5 jours.

Terrine classique de foie gras de canard à l'armagnac, chutney aux petits fruits du Québec

POUR 1 TERRINE DE 1 KG/2,2 LB

- **1 kg (2,2 lb) de foie gras frais, soit 2 lobes de 500 g (1 lb) chacun**
- **1 cul-de-poule rempli de glace**
- **1 l (4 t) environ d'eau froide**
- **45 ml (3 c. à tab) de gros sel**
- **15 ml (1 c. à tab) de sel fin**
- **5 ml (1 c. à thé) de sucre**
- **1 pincée de poivre blanc de Sarawak**
- **1 pincée de muscade râpée**
- **45 ml (3 c. à tab) d'armagnac ou d'un alcool blanc de qualité (vin de glace, cognac, etc.)**
- **Chutney de fruits ou gelée de sauternes ou de vin, au goût (pour garnir)**

Accord vin

Drappier Carte D'Or Brut Champagne

Code SAQ : 734699 – 43,75 $

FOIE GRAS (DÉVEINAGE)

Laisser les lobes de foie gras à la température de la pièce une trentaine de minutes afin de faciliter le déveinage. Séparer chaque lobe, puis le déveiner délicatement en l'ouvrant par le milieu. Mettre dans un plat rempli de glace, avec un peu d'eau et le gros sel pendant 1 heure pour dégorger. Cette opération a pour but d'éliminer toute trace de sang et d'obtenir un foie gras d'une belle couleur.

FOIE GRAS (TERRINE)

Égoutter le foie gras, éponger parfaitement avec des essuie-tout, puis assaisonner avec le reste des ingrédients, sauf l'alcool. Arroser le foie gras d'armagnac et le déposer délicatement dans une terrine en porcelaine munie d'un couvercle d'une capacité de 1 kg (2,2 lb). Couvrir et laisser mariner au réfrigérateur pendant 24 heures.

Le lendemain, cuire la terrine au four au bain-marie. Maintenir l'eau du bain-marie à 70°C (158°F). Cuire la terrine jusqu'à ce que la température à cœur atteigne 58°C (137°F). Retirer du bain-marie et laisser reposer à température ambiante pendant 30 minutes. Garder au réfrigérateur de 2 à 3 jours avant de servir.

DRESSAGE

Servir froid avec du pain de campagne ou du pain brioché grillé et un chutney aux petits fruits du Québec (voir recette en page 238). Vous pouvez aussi servir cette terrine avec une gelée de sauternes.

À savoir

Après le déveinage, passer les veines et les parures de foie gras au tamis. Vous obtiendrez ainsi une purée de foie gras qui vous permettra de préparer un beurre aromatisé au foie gras, de la crème brûlée, etc.

•

Au Saint-Amour, on cuit la terrine de foie gras sous vide à basse température. C'est, à mon avis, la meilleure technique pour amplifier les saveurs et diminuer la perte de gras.

Pyramide de foie gras et de lentilles vertes du Puy au confit de canard, purée d'abricots séchés au thé du Labrador

POUR 10 PERSONNES

LENTILLES
- **100 g (3 oz) de jambon cru (de Parme ou autre)**
- **250 g (8 oz) de lentilles vertes du Puy**
- **500 ml (2 t) de bouillon de volaille (voir recette en page 238)**
- **Sel, poivre, clou de girofle, au goût**
- **1 bouquet garni**
- **5 feuilles de gélatine**
- **125 ml (1/2 t) d'eau froide (pour la gélatine)**
- **3 cuisses de canard confites**
- **45 ml (3 c. à tab) de carottes multicolores cuites, en brunoise**
- **45 ml (3 c. à tab) de persil plat ciselé**

FOIE GRAS
- **250 g (8 oz) de foie gras cuit, en terrine ou au torchon**

PURÉE D'ABRICOTS
- **200 ml (3/4 t) d'eau bouillante**
- **100 g (3 oz) de thé du Labrador**
- **100 g (3 oz) d'abricots séchés**

Accord vin

Cuvée Prédilection Brut, Vouvray,
Château Moncontour 2009
Code SAQ : 4300751 – 19,95 $

LENTILLES

Trancher très finement le jambon cru. Récupérer une partie du gras, qui donnera du goût aux lentilles. Blanchir les lentilles, les rincer et les cuire doucement dans le bouillon de volaille avec le bouquet garni, le clou de girofle et le gras de jambon. Saler à mi-cuisson et s'assurer qu'au terme de la cuisson les lentilles sont encore légèrement al dente.

Faire gonfler les feuilles de gélatine pendant 5 minutes dans l'eau froide, les égoutter et les ajouter aux lentilles chaudes. Mélanger délicatement. Goûter, rectifier l'assaisonnement et enlever le bouquet garni et le gras de jambon. Ajouter le confit de canard effiloché, la brunoise de carotte et le persil.

MONTAGE DE LA PYRAMIDE

Chemiser un moule à terrine d'une capacité de 1 kg (2,2 lb) ayant la forme d'une pyramide avec de la pellicule de plastique. Recouvrir d'une fine couche de jambon cru. Étendre au fond du moule une mince couche de foie gras, puis un peu de lentilles. Recouvrir d'une autre couche de foie gras et de lentilles et répéter l'opération jusqu'à ce que le moule soit rempli. Terminer avec une couche de lentilles; on doit obtenir 3 couches de foie gras et 3 couches de lentilles.

Il est très important de faire ce montage pendant que le ragoût de lentilles est encore tiède, à 50°C (122°F), afin que la gélatine ne prenne pas. Recouvrir le tout avec le jambon cru et déposer une légère presse de 500 g (1 lb) sur le dessus. Réserver au réfrigérateur pendant au moins 12 heures avant de démouler.

PURÉE D'ABRICOTS SÉCHÉS

Amener l'eau à ébullition et faire infuser le thé du Labrador pendant 10 minutes. Égoutter le liquide dans une passoire au-dessus d'un bol pour enlever les feuilles de thé. Faire gonfler les abricots dans le liquide chaud pendant environ 1 heure. Passer au Thermomix ou au mélangeur afin d'obtenir une purée lisse.

DRESSAGE

Découper de fines tranches de terrine et accompagner d'une petite salade et de purée d'abricots séchés au thé du Labrador. Cette entrée se conserve pendant 1 semaine au réfrigérateur.

À savoir

Si vous utilisez un bouillon de volaille maison qui est déjà gélifié naturellement par les os, il n'est pas nécessaire d'ajouter de gélatine.

Sucettes de foie gras à saveur nordique : cidre de glace, canneberges et bleuets

POUR 20 À 24 SUCETTES

- **1 terrine de foie gras de 1 kg (2,2 lb)** **(voir recette en page 44)**
- **1 litre (4 t) de cidre de glace**
- **6 g (1 c. à thé comble) d'agar-agar (gélifiant à chaud), divisé**
- **500 ml (2 t) de jus de bleuets sauvages « Bleu d'Ici »**
- **500 ml (2 t) de jus de canneberges**
- **Poudre de foie gras, de bleuets, de canneberges, au goût**
- **24 bâtonnets pour sucettes (dans les confiseries)**

Accord vin

Cidre de Glace, Avalanche, Clos Saragnat
Code SAQ : 11133221 – 27,15 $

À l'aide d'un vide-pomme, tailler des sucettes en forme de petits cylindres dans la terrine de foie gras et piquer un bâtonnet sur le dessus. Disposer les sucettes sur une plaque recouverte de papier parchemin et réserver au réfrigérateur.

Entre-temps, dans une casserole, faire réduire le cidre de glace de moitié à feu moyen-vif. Retirer du feu et ajouter le tiers de l'agar-agar en pluie. Bien remuer pour dissoudre. Réserver hors du feu.

Dans deux casseroles différentes, amener le jus de bleuets et le jus de canneberges à ébullition, puis ajouter dans chacune le tiers de l'agar-agar en pluie. Bien remuer pour dissoudre. Réserver hors du feu.

Laisser tiédir les 3 liquides à 50°C (122°F). Tremper le tiers des sucettes de foie gras dans le cidre de glace réduit, puis dans la poudre de foie gras. Tremper le second tiers dans le jus de bleuets réduit, puis dans la poudre de bleuets. Tremper le dernier tiers des sucettes dans le jus de canneberges réduit, puis dans la poudre de canneberges. Réserver au réfrigérateur jusqu'au moment de servir.

À savoir

Plusieurs variétés de petits fruits nordiques peuvent être utilisées pour cette recette (pimbina, cassis, chicoutai, sureau, etc.). On peut aussi concentrer encore davantage la saveur du jus de canneberges en ajoutant des canneberges fraîches, si désiré.

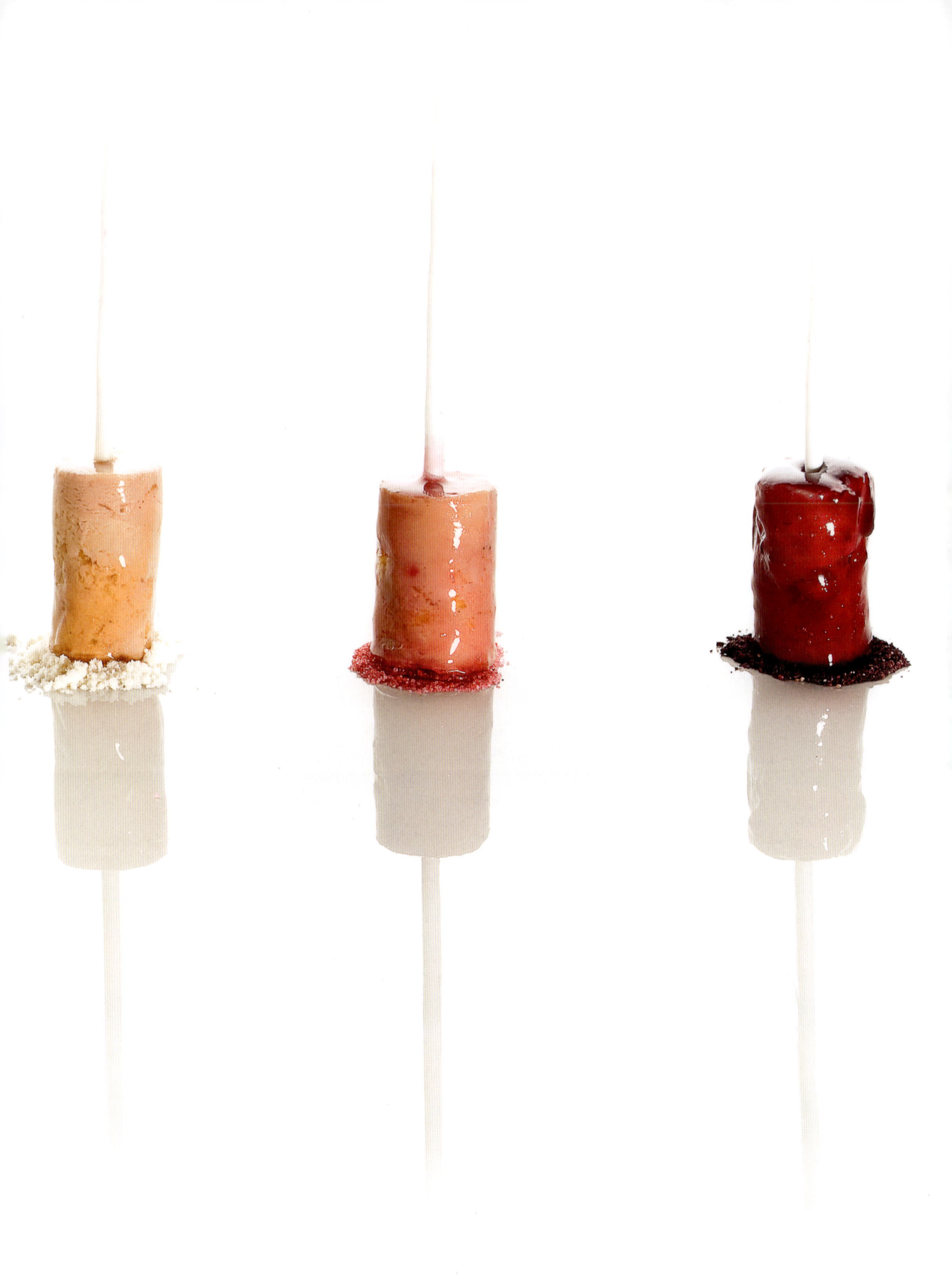

Assiette de dégustation COMPLÈTEMENT foie gras

POUR 20 CROMESQUIS
- **270 g de foie gras frais (1/2 lobe)**
- **15 ml d'huile de cèpe, divisée**
- **50 g de farine**
- **2 œufs**
- **100 g de chapelure**
- **50 g de poudre de cèpe**
- **Fleur de sel et poivre du moulin, au goût**
- **Huile d'arachide pour la friture**

(Pour plus de précision et garantir son succès, cette recette requiert l'utilisation d'une balance. Pour cette raison, les mesures ne sont fournies qu'en métrique.)

CROMESQUIS DE FOIE GRAS AUX CÈPES

Couper le lobe de foie gras en 20 gros cubes. Déveiner délicatement, puis saler et poivrer. Ajouter 5 ml (1 c. à thé) d'huile de cèpe. Réserver au réfrigérateur.

Entre-temps, verser la farine dans un plat. Dans un autre plat, battre les œufs avec le reste de l'huile de cèpe. Dans un troisième plat, mélanger la chapelure et la poudre de cèpe.

Panner les morceaux de foie gras en commençant par les tremper dans la farine, puis dans le mélange d'œufs battus, pour terminer par le mélange de chapelure. Répéter l'opération afin de créer une belle panure uniforme.

Faire chauffer l'huile à 180°C (350°F) et y plonger délicatement les foies gras afin de les colorer. Dès qu'ils sont colorés, les retirer du bain d'huile et les égoutter. Reprendre aussitôt la cuisson pendant 5 minutes. Les cromesquis doivent être croquants et le foie gras mi-cuit, mais chaud à l'intérieur, c'est-à-dire à une température à cœur de 50°C (122°F).

DRESSAGE

Servir chaud, en mise en bouche.

À savoir

Pour faire de la poudre de champignons, mixer des champignons séchés au Thermomix, au mélangeur ou à l'aide d'un petit moulin à café.

Cromesquis de foie gras
aux cèpes

Carolines de foie gras
au sureau

Macarons de foie gras, noisettes
et champignons Candy Cap

Cornets croustillants de foie gras
aux flocons d'érable

Truffes de foie gras
aux bleuets

POUR 8 PERSONNES

CAROLINES DE FOIE GRAS AU SUREAU

PÂTE À CHOUX

- 125 ml (1/2 t) d'eau
- 45 ml (3 c. à tab) de gras de foie gras ou de beurre
- 3 ml (1/2 c. à thé) de sel
- 5 ml (1 c. à thé) de sucre
- 100 g (3 oz) de farine tout usage
- 3 œufs

PARFAIT DE FOIE GRAS

- 200 g (7 oz) de terrine classique de foie gras (voir recette en page 44)
- 45 ml (3 c. à tab) de beurre pommade
- 10 ml (2 c. à thé) de gelée de sureau
- Poivre du moulin, au goût
- 100 ml (7 c. à tab) de confiture ou de gelée de sureau

POUR 8 PERSONNES

MACARONS DE FOIE GRAS, NOISETTES ET CHAMPIGNONS CANDY CAP

- 85 g de poudre de noisette
- 115 g de sucre à glacer
- 7 g de champignons Candy Cap en poudre
- 75 ml de blancs d'œufs
- 65 g de sucre granulé
- 100 g de foie gras cuit (voir recette en page 36)

(Pour plus de précision et garantir son succès, cette recette requiert l'utilisation d'une balance. Pour cette raison, les mesures ne sont fournies qu'en métrique.)

POUR 8 PERSONNES

CORNETS CROUSTILLANTS DE FOIE GRAS AUX FLOCONS D'ÉRABLE

- Feuilles de pâte à brick ou à rouleaux impériaux (assez pour former 16 petits cornets)
- 1 blanc d'œuf
- 45 ml (3 c. à tab) de beurre clarifié fondu
- 200 g (6 oz) de terrine de foie gras (voir recette en page 44)
- 10 ml (2 c. à thé) de whisky à l'érable « Sortilège »
- 45 ml (3 c. à tab) de beurre pommade
- Sel et poivre blanc du moulin, au goût
- Flocons d'érable, au goût

POUR 8 PERSONNES

TRUFFES DE FOIE GRAS AUX BLEUETS

- 10 ml (2 c. à thé) de bleuets séchés
- 10 ml (2 c. à thé) de liqueur de bleuets « Minaki »
- 100 g (3 oz) de foie gras cuit en terrine (voir recette p. 44)
- 20 ml (4 c. à thé) de poudre de bleuets

Accord vin pour les 5 bouchées

Bollinger, Spéciale Cuvée, Brut

Code SAQ : 384529 – 65,50 $

CAROLINES DE FOIE GRAS AU SUREAU

PÂTE À CHOUX POUR LES CAROLINES

Dans une petite casserole, amener à ébullition l'eau, le gras de foie gras ou le beurre, le sel et le sucre. Ajouter la farine tamisée en brassant énergiquement à la cuillère de bois. Ajouter ensuite les œufs un à un sans cesser de mélanger, afin d'obtenir une pâte souple et lisse. Brasser jusqu'à ce que la pâte se détache des parois de la casserole.

À l'aide d'une poche à pâtisserie munie d'une douille unie, dresser des carolines de 3 cm (1 1/2 po) de longueur. Cuire dans un four préchauffé à 200°C (400°F) pendant 15 minutes, puis faire sécher à 150°C (300°F) pendant 10 minutes de plus. Laisser refroidir à la température de la pièce.

PARFAIT DE FOIE GRAS

Au Thermomix ou au robot, mixer le foie gras avec le beurre pommade. Ajouter 10 ml (2 c. à thé) de gelée de sureau et mélanger jusqu'à l'obtention d'une mousse lisse et onctueuse. Rectifier l'assaisonnement.

À l'aide d'une poche à pâtisserie munie d'une petite douille, farcir les carolines avec le parfait de foie gras et les glacer avec la gelée de sureau.

À savoir

On trouve la gelée et la confiture de sureau dans les épiceries fines.

•

Les carolines sont des petits éclairs qui peuvent être farcis avec d'autres préparations, comme la mousse de saumon fumé ou la mousse d'avocat.

MACARONS DE FOIE GRAS, NOISETTES ET CHAMPIGNONS CANDY CAP

Dans un cul-de-poule, mélanger la poudre de noisette, le sucre à glacer et les champignons en poudre tamisés. Au malaxeur, battre les blancs d'œufs à grande vitesse avec le tiers du sucre granulé. Lorsque les blancs sont montés, serrer avec le reste du sucre afin d'obtenir des pics de meringue très fermes. Verser les ingrédients secs sur la meringue et mélanger jusqu'à l'obtention d'une masse brillante et lisse, en ruban. On appelle cela macaronner.

Verser dans une poche à pâtisserie munie d'une douille unie. Former des cercles de 2 cm (3/4 po) de diamètre sur une plaque à pâtisserie munie d'un tapis de silicone ou de papier parchemin. Laisser les petits macarons former une croûte pendant 1 à 2 heures à la température de la pièce. Une fois bien croûtés, faire cuire à four ventilé (convection) à 180°C (350°F) de 8 à 9 minutes.

À la sortie du four, déposer les macarons sur une grille. Attendre 15 minutes avant de les décoller de leur plaque. Farcir les macarons de foie gras cuit.

À savoir

Le champignon Candy Cap pousse près des érables à sucre et sa saveur rappelle celle de l'érable. On le trouve le plus souvent séché ou en poudre.

CORNETS CROUSTILLANTS DE FOIE GRAS AUX FLOCONS D'ÉRABLE

Tailler les feuilles de pâte en triangles, puis façonner en cornets à l'aide de petits moules coniques bien beurrés. Coller avec du blanc d'œuf, lustrer avec le beurre clarifié fondu et cuire au four à 180°C (350°F) pendant 5 minutes, ou jusqu'à ce qu'ils soient dorés et croustillants. Démouler et réserver au sec.

Au Thermomix ou au robot, mélanger le foie gras avec le beurre pommade. Ajouter la liqueur « Sortilège », puis saler et poivrer. Pulser pour obtenir une mousse lisse et onctueuse.

DRESSAGE

À l'aide d'une poche à douille munie d'un embout lisse, farcir les cornets avec le parfait de foie gras et garnir avec des flocons d'érable. Servir aussitôt.

À savoir

Le parfait de foie gras peut être parfumé au goût avec une huile à la truffe ou un autre alcool.

TRUFFES DE FOIE GRAS AUX BLEUETS

La veille, faire gonfler les bleuets séchés dans la liqueur « Minaki ». Façonner 8 petites boules de foie gras en forme de truffes en incrustant à l'intérieur quelques bleuets, puis les enrober de poudre de bleuets. Réserver au réfrigérateur avant de servir à l'apéritif.

À savoir

Vous pouvez remplacer les bleuets par tout autre fruit de votre choix. Par contre, il faut aussi remplacer le « Minaki » par un alcool approprié.

POUR SE METTRE EN APPÉTIT

Les mises en bouche et les entrées sont considérées comme un élément-clé de l'arsenal de séduction du Saint-Amour, puisque ces concentrés de saveur et de couleur sont une introduction à la philosophie culinaire du restaurant autant qu'à son style. Elles représentent, de ce fait, une véritable signature. Pour le chef et sa brigade, de même que pour le service de traiteur, le choix des ingrédients qui entreront dans la préparation de ces petits plats, le type de présentation et la variété à offrir aux clients en fonction des arrivages sont l'occasion de séances de remue-méninges intensives. Ce prélude au repas est aussi le moment idéal pour mettre en vedette les tendres laitues, les délicats mescluns de petites fleurs et les légumes patrimoniaux de Jean Leblond, le célèbre jardinier des chefs, avec qui Jean-Luc Boulay a le plaisir de travailler depuis plus de 20 ans. C'est Jean Leblond qui, le premier, a eu l'idée de rapporter des semences rares d'Europe et de les cultiver pour ses amis cuisiniers sur ses terres des Éboulements, dans Charlevoix. Betteraves jaunes, artichauts, topinambours, verdurettes aux noms improbables, fleurs de courgette, mini-légumes et crosnes sont quelques-uns des délices auxquels il nous a initiés au fil des ans. Plusieurs maraîchers ont par la suite marché sur ses traces, mais il est le précurseur et nous lui devons beaucoup !

Velouté de topinambour au foie gras, sabayon à la noisette

POUR 6 PERSONNES
- **100 g (3 oz) de terrine de foie gras** **(voir recette en page 44)**
- **3 ml (1/2 c. à thé) d'huile de noisette**
- **500 g (1 lb) de topinambours**
- **100 g (3 oz) de blanc de poireau**
- **50 g (1 1/2 oz) d'échalote grise, hachée**
- **10 ml (2 c. à thé) de beurre**
- **10 ml (2 c. à thé) d'huile végétale**
- **1 l (4 t) de lait 3,25 %**
- **100 ml (7 c. à tab) d'eau froide**
- **45 ml (3 c. à tab) de crème 35 %**

SABAYON
- **4 jaunes d'œufs**
- **60 ml (4 c. à tab) du bouillon des topinambours**
- **30 ml (2 c. à tab) d'huile de noisette**
- **Poivre du moulin, au goût**
- **Sel de mer, au goût**

DRESSAGE
- **30 g (2 c. à tab) de noisettes concassées**
- **5 g (peser) de poudre de noisette**

Couper la terrine de foie gras en petits cubes, ajouter quelques gouttes d'huile de noisette et laisser mariner de 15 à 30 minutes au réfrigérateur.

Entre-temps, éplucher les topinambours avec un couteau d'office et les couper en cubes. Émincer le blanc de poireau et l'échalote. Dans une casserole, faire fondre le beurre et l'huile végétale jusqu'à ce qu'ils moussent. Y faire revenir l'échalote et le poireau, puis ajouter les topinambours et remuer pendant 1 minute. Ajouter le lait et l'eau. Saler et cuire une quinzaine de minutes ou jusqu'à ce que les topinambours soient tendres. Prélever 60 ml (4 c. à tab) du bouillon de topinambour pour le sabayon.

Mixer le velouté au Thermomix ou au mélangeur, le passer au tamis, ajouter la crème et réchauffer sans faire bouillir. Vérifier l'assaisonnement.

SABAYON

Mélanger dans un cul-de-poule les jaunes d'œufs avec le bouillon de topinambour. Placer sur le feu au-dessus d'un bain-marie d'eau frémissante, mais non bouillante. Monter le sabayon énergiquement au fouet afin d'obtenir une mousse épaisse et onctueuse. À la fin de la cuisson, parfumer avec l'huile de noisette et le poivre du moulin. Rectifier l'assaisonnement, au besoin.

DRESSAGE

Servir ce velouté très chaud, le garnir de cubes de foie gras et disposer au centre une cuillère de sabayon à la noisette. Décorer de quelques noisettes concassées et de poudre de noisette.

Accord vin

Vouvray, Marc Brédif 2009

Code SAQ : 10267809 – 19,25 $

À savoir

Vous pouvez également servir ce potage avec du foie gras poêlé et remplacer le sabayon par une crème fouettée aux noisettes concassées : environ 150 ml (2/3 t) de crème 35 % et 30 g (2 c. à tab) de noisettes concassées.

Crémeuse de maïs biologique aux fruits de mer, parfumée à la vanille façon cappuccino

RECETTE DE FRÉDÉRIC BOULAY

POUR 4 PERSONNES

CRÉMEUSE DE MAÏS

- **8 épis de maïs biologique bien jaunes**
- **160 g (6 oz) d'oignon espagnol**
- **45 ml (3 c. à tab) de beurre**
- **10 ml (2 c. à thé) d'huile d'olive**
- **5 ml (1 c. à thé) de curcuma en poudre**
- **Sel et poivre du moulin, au goût**
- **250 ml (1 t) de lait 3,25 %**
- **250 ml (1 t) de crème 35 %**
- **100 g (3 oz) de fruits de mer (crevettes, moules, pétoncles, calmar ou autres)**

HUILE À LA VANILLE

- **10 ml (2 c. à thé) d'huile de pépins de raisin**
- **1 gousse de vanille**

GARNITURE

- **125 ml (1/2 t) de lait 3,25 % chaud (pour la garniture)**
- **10 ml (2 c. à thé) de ciboulette ciselée (pour la garniture)**

Accord vin

Cigar Blanc 2008, Bonny Doon Vineyard, Californie

Code SAQ : 10370267 – 29,95 $

CRÉMEUSE DE MAÏS

Avec un couteau, détacher les grains de maïs des épis. Hacher finement l'oignon et le faire revenir dans une grande poêle à feu moyen avec le beurre et l'huile d'olive pendant 2 minutes. Ajouter le maïs et cuire 2 minutes de plus, puis incorporer le curcuma, le sel et le poivre. Verser le lait et la crème et cuire environ 15 minutes. Bien mixer au Thermomix ou au mélangeur et passer au tamis. Rectifier l'assaisonnement.

Entre-temps, cuire les fruits de mer séparément, puis les hacher en petits morceaux. Saler et poivrer et réserver au chaud.

HUILE À LA VANILLE

Dans un petite casserole, faire chauffer l'huile de pépins de raisin à 80°C (176°F) et y laisser infuser pendant 25 minutes la gousse de vanille fendue sur la longueur et grattée à l'aide d'un couteau pointu afin d'en détacher les grains noirs. Passer ensuite l'huile chaude au tamis au-dessus d'un bol pour enlever les grains de vanille avant d'utiliser.

Au moment de servir, préparer un lait moussant avec le lait chaud à l'aide d'un moussoir à lait, comme pour un cappuccino.

DRESSAGE

Déposer les fruits de mer dans 4 bols chauds, verser la crème de maïs et déposer au centre une quenelle de lait mousseux. Perler ce potage avec quelques gouttes d'huile parfumée à la vanille. Parsemer de ciboulette ciselée.

Crème de pleurotes de Charlevoix, persillade d'escargots, mousse de lait à l'ail doux

POUR 10 PERSONNES

HUILE D'AIL
- **2 têtes d'ail du Québec**
- **250 ml (1 t) d'huile d'olive extra-vierge**
- **45 ml (3 c. à tab) d'eau**

CRÈME DE PLEUROTES
- **150 g (5 oz) d'oignon blanc**
- **500 g (1 lb) de pleurotes frais**
- **1 petit bouquet de persil plat (tiges)**
- **45 ml (3 c. à tab) de porto blanc**
- **1,5 l (6 t) de bouillon de volaille (voir recette en page 238)**
- **Sel et poivre du moulin, au goût**
- **100 ml (7 c. à tab) de crème 35 %**
- **Beurre, au goût**
- **Huile d'ail, au goût (pour garnir)**

PERSILLADE D'ESCARGOTS
- **45 ml (3 c. à tab) d'oignon**
- **45 ml (3 c. à tab) d'huile d'ail**
- **150 g (5 oz) d'escargots frais ou en conserve (3 escargots par personne)**
- **1 petit bouquet de persil plat (feuilles)**
- **Sel et poivre du moulin, au goût**

MOUSSE DE LAIT À L'AIL DOUX
- **100 g (3 oz) de gousses d'ail frais du Québec**
- **250 ml (1 t) de lait 3,25 %**
- **Sel, au goût**
- **1 pincée de piment d'Espelette**

Accord vin

Arbois 2007, Savagnin, Stéphane Tissot

Code SAQ : 10783871 – 27,25 $

HUILE D'AIL

Séparer les gousses de la tête d'ail sans les éplucher. Les confire très doucement dans une petite casserole avec l'huile d'olive et l'eau pendant 1 heure. Réserver.

CRÈME DE PLEUROTES

Éplucher et émincer les oignons et les faire revenir à feu moyen-vif dans une casserole avec 45 ml (3 c. à tab) d'huile d'ail. Ajouter les pleurotes grossièrement émincés et sauter pendant 2 minutes. Ajouter les tiges de persil plat hachées et le porto. Laisser réduire une dizaine de minutes, puis ajouter le bouillon. Assaisonner et laisser cuire à feu doux pendant 30 minutes. Au terme de la cuisson, ajouter la crème, passer au Thermomix ou au mélangeur, ajouter du beurre, puis rectifier l'assaisonnement. Réserver au chaud.

PERSILLADE D'ESCARGOTS

Entre-temps, préparer la garniture d'escargots. Hacher finement l'oignon et caraméliser avec l'huile d'ail. Égoutter et rincer les escargots, émincer et ajouter aux oignons. Émincer finement les feuilles de persil et ajouter aux oignons et aux escargots, puis mélanger le tout et laisser mijoter pendant 1 minute. Assaisonner et goûter. Réserver au chaud.

MOUSSE DE LAIT À L'AIL DOUX

Éplucher l'ail et retirer le germe. Faire blanchir 3 fois dans 3 casseroles d'eau différentes afin d'adoucir l'ail. Égoutter et faire pocher dans le lait pendant 5 minutes. Assaisonner et égoutter. À l'aide d'une mousseuse, monter le lait comme un cappuccino.

DRESSAGE

Dans des assiettes chaudes, verser la crème de pleurotes. Servir avec la garniture d'escargots, la mousse de lait et quelques gouttes d'huile d'ail doux. Saupoudrer de piment d'Espelette.

À savoir

Ne pas trop cuire les potages, car ils perdent de leur saveur.

•

Les gousses d'ail qui ont servi à faire l'huile parfumée seront délicieuses dans une purée de pommes de terre, des pâtes ou une sauce. Il suffit de les écraser.

•

Choisir des escargots en conserve d'une compagnie française ; ils sont de meilleure qualité que ceux importés d'Asie.

Velouté d'asperges blanches perlé à l'huile de menthe, avec cantaloup et ventrèche de saumon fumé sauvage

POUR 6 PERSONNES

VELOUTÉ D'ASPERGES BLANCHES

- 1 kg (2,2 lb) d'asperges blanches fraîches
- 100 g (3 oz) de blanc de poireau
- 100 g (3 oz) d'oignon blanc
- 45 ml (3 c. à tab) de beurre
- Sel et poivre du moulin, au goût
- 1,5 l (6 t) de bouillon de volaille (voir recette en page 238)
- 50 g (1 1/2 oz) de farine tout usage

GARNITURE

- 100 g (3 oz) de ventrèche de saumon fumé sauvage
- 100 g (3 oz) de cantaloup
- Menthe fraîche, au goût
- Huile de menthe (voir recette ci-après)
- Piment d'Espelette, pour garnir

HUILE DE MENTHE

- 50 g (1 1/2 oz) de feuilles de menthe
- 250 ml (1 t) d'eau bouillante salée
- 100 ml (7 c. à tab) d'huile d'olive extra-vierge

Accord vin

Grüner Veltliner 2009, Huber Hugo, Niederostërreich

Code SAQ : 10750032 – 15,80 $

VELOUTÉ D'ASPERGES BLANCHES

Éplucher les asperges, couper les pointes et réserver pour la garniture. Émincer les tiges d'asperges, le poireau et l'oignon. Dans une casserole, faire revenir au beurre à feu moyen-doux, sans coloration. Saler, poivrer et laisser compoter quelques minutes.

Entre-temps, amener à ébullition le bouillon de volaille et y cuire rapidement les pointes d'asperges. Retirer du bouillon et réserver. Ajouter la farine aux légumes compotés, bien remuer au fouet, puis mouiller avec le bouillon de volaille ayant servi à cuire les pointes d'asperges. Amener à ébullition sans cesser de remuer, puis baisser le feu et laisser mijoter pendant 15 minutes, en remuant à l'occasion. Mixer finement au Thermomix ou au mélangeur.

Couper la ventrèche de saumon fumé et le cantaloup en fines tranches.

Ciseler les feuilles de menthe.

HUILE DE MENTHE

Laver les feuilles de menthe, les plonger dans l'eau bouillante salée et les retirer aussitôt. Bien égoutter et mixer avec l'huile d'olive jusqu'à ce que celle-ci prenne une belle couleur verte.

DRESSAGE

Dans des bols chauds, verser le velouté bouillant, puis répartir la garniture : saumon fumé, pointes d'asperges, melon, menthe ciselée. Terminer en versant un filet d'huile de menthe dans chaque bol et en saupoudrant de piment d'Espelette.

À savoir

Dans cette recette, j'utilise le ventre (ventrèche de saumon), qui est la partie la plus grasse ; c'est pour cela que ce velouté ne contient pas de crème. À défaut de ventrèche, vous pouvez utiliser le saumon fumé de votre choix.

Lait de petits pois et de homard en contraste

POUR 10 À 12 PERSONNES

LAIT DE PETITS POIS
- **150 g (5 oz) d'oignon ciselé**
- **1 blanc de poireau haché**
- **45 ml (3 c. à tab) de beurre**
- **1 kg (2,2 lb) de petits pois verts**
- **400 ml (1 3/4 t) de lait 3,25 %**
- **Feuilles de sarriette, au goût**
- **Sel et poivre, au goût**

BEURRE DE CORAIL
- **Le corail des homards**
- **45 ml (3 c. à tab) de beurre**
- **10 ml (2 c. à thé) de cognac**
- **Poivre de Cayenne ou piment d'Espelette, au goût**

LAIT DE HOMARD
- **1 kg (2,2 lb) de têtes de homard**
- **150 g (5 oz) de carotte**
- **125 g (4 oz) de blanc de poireau**
- **150 g (5 oz) d'oignon**
- **3 gousses d'ail épluchées**
- **45 ml (3 c. à tab) d'huile d'olive**
- **100 ml (7 c. à tab) de pâte de tomate**
- **1 l (4 t) de bouillon de volaille (voir recette en page 238)**
- **1 l (4 t) de lait 3,25 %**
- **250 ml (1 t) de crème 35 %**
- **Sel, poivre de Cayenne ou piment d'Espelette, au goût**
- **Feuilles de sarriette ou pousses de pois pour garnir**

Accord vin

Bolgheri, Vermentino, Tenuta Guado Al Tasso

Code SAQ : 11499126 – 19,95 $

LAIT DE PETITS POIS

Émincer l'oignon et le poireau. Dans une casserole, faire revenir au beurre à feu doux jusqu'à tendreté. Ajouter les petits pois, bien mélanger et ajouter le lait. Porter à ébullition, assaisonner, réduire le feu et laisser mijoter pendant 15 minutes. Ajouter les feuilles de sarriette et mixer au Thermomix ou au mélangeur, puis passer au chinois étamine ou au tamis fin. Vérifier l'assaisonnement. Réserver au chaud.

BEURRE DE CORAIL

Récupérer le corail des homards et mixer au Thermomix ou au mélangeur avec la même quantité de beurre. Ajouter le cognac et le poivre de Cayenne ou le piment d'Espelette et réserver au réfrigérateur.

LAIT DE HOMARD

Concasser très finement les têtes de homard. Couper les légumes en mirepoix. Dans une casserole, faire revenir les légumes à feu moyen pendant 10 minutes dans un peu d'huile d'olive. Ajouter la pâte de tomate et laisser cuire quelques minutes de plus, avec les légumes et le concassé de homard. Ajouter le bouillon, le lait et la crème, assaisonner et laisser mijoter pendant environ 30 minutes à feu doux. Mixer au Thermomix ou au mélangeur, puis passer au chinois étamine ou au tamis. Remette ce potage sur le feu, porter à ébullition et lier avec le beurre de corail. Rectifier l'assaisonnement. Le potage doit être goûteux et légèrement piquant.

DRESSAGE

Dans des bols à soupe très chauds, verser en même temps les deux potages afin d'obtenir un contraste de couleurs et de saveurs. Décorer de feuilles de sarriette ou de pousses de pois.

À savoir

Si le lait de homard n'est pas assez lié, y ajouter un peu de riz cuit. Au besoin, ajouter du lait à la préparation aux petits pois afin d'obtenir deux potages de même consistance.

Sashimi de mahi-mahi acidulé aux fruits exotiques

RECETTE DE FRÉDÉRIC BOULAY

POUR 4 PERSONNES
- **300 g (9 oz) de mahi-mahi**
- **1 tomate mûre**
- **1/2 papaye**
- **1/2 mangue**
- **1/2 fruit du dragon (pitaya)**
- **1/2 avocat**
- **2 échalotes grises**
- **20 ml (4 c. à thé) d'huile d'olive extra-vierge**
- **1 citron vert**
- **5 ml (1 c. à thé) de ciboulette**
- **5 ml (1 c. à thé) de feuilles de coriandre**
- **1 branche de persil plat**
- **Fleur de sel et poivre du moulin, au goût**

Accord vin

Pinot blanc Trimbach, Alsace 2008
Code SAQ : 89292 – 15, 80 $

Congeler le bloc de mahi-mahi et le tailler en très fines tranches, de manière à obtenir un carpaccio d'environ 75 g (2 1/2 oz) par personne. Réserver au réfrigérateur.

Couper la tomate, la papaye, la mangue, le fruit du dragon, l'avocat et les deux échalotes en très petits dés de même grosseur (5 mm / 1/5 po). Réserver. Au Thermomix ou au mélangeur, émulsionner l'huile d'olive avec le citron vert. Ciseler la ciboulette, la coriandre et le persil plat.

DRESSAGE
À l'aide d'un pinceau, badigeonner légèrement le mahi-mahi avec l'émulsion d'huile d'olive au citron vert. Assaisonner de fleur de sel et de poivre. Parsemer de dés de tomate, de fruits exotiques, d'avocat et d'échalote. Garnir avec les fines herbes ciselées.

Élégances d'asperges vertes et blanches au coulant d'œuf de caille et au fromage de chèvre de Sainte-Marguerite, cœurs de sucrine et vinaigrette à l'hydromel

POUR 4 PERSONNES

ÉLÉGANCES D'ASPERGES

- **1 betterave jaune pelée**
- **12 asperges vertes**
- **8 asperges blanches**
- **4 œufs de caille cuits mollets et écalés**
- **120 g (4 oz) de fromage de chèvre de Sainte-Marguerite**
- **60 ml (4 c. à tab) de vinaigrette à l'hydromel (voir recette en page 241)**

GARNITURE

- **10 g (2 c. à thé) de noix de pin grillées**
- **4 cœurs de sucrine (ou autres micro-pousses), pour garnir**
- **4 tomates cerises (2 rouges, 2 jaunes)**
- **Sel et poivre du moulin, au goût**
- **30 ml (2 c. à tab) de vinaigrette à l'hydromel (voir recette en page 241)**

Accord vin

Le Viognier de Presquié 2010, vin de pays de Méditerranée

Code SAQ : 10257441 – 18, 85 $

Cœur de sucrine

Cuire la betterave à l'eau salée, bien l'égoutter et l'éponger avec des essuie-tout, puis la trancher finement afin d'obtenir des carpaccios.

Éplucher les tiges des asperges vertes et blanches avec un économe. Les cuire séparément et rapidement à l'eau bouillante salée (20 g de gros sel par litre d'eau). Égoutter. Si vous ne trouvez pas d'asperges blanches, vous pouvez n'utiliser que des asperges vertes.

Pocher les œufs de caille pendant 2 minutes à l'eau frémissante légèrement vinaigrée. Réserver.

Sur une petite plaque, monter 4 paquets composés d'asperges vertes et blanches alternées. Déposer 1 tranche de fromage sur chaque paquet. Cuire au four, sous le gril, juste assez pour réchauffer les asperges et faire fondre le fromage.

DRESSAGE

Sur des assiettes chaudes, dresser le carpaccio de betterave jaune, ajouter les asperges avec le fromage fondu, napper de vinaigrette, ajouter les œufs de caille et parsemer de noix de pin. Servir avec une petite salade estivale composée de cœurs de sucrine, de moitiés de tomates cerises et de vinaigrette. Poivrer le fromage avant de servir.

À savoir

Les cœurs de sucrine sont de petites laitues très fines qui ont une jolie teinte jaune et qui sont légèrement sucrées. On peut les remplacer par des micro-pousses ou des cœurs de laitue Boston.

Huîtres sur écailles au bacon de sanglier, fine gelée iodée au vinaigre de cidre

POUR 4 PERSONNES
- **12 huîtres fraîches (variété au choix)**
- **45 ml (3 c. à tab) de vinaigre de cidre**

GELÉE IODÉE AU VINAIGRE DE CIDRE
- **2 g (peser) de gélatine en feuille**
- **125 ml (1/2 t) d'eau froide (pour la gélatine)**

GARNITURE
- **1 tranche de bacon de sanglier**
- **5 ml (1 c. à thé) de beurre**
- **Gros sel et poivre rose, pour le dressage**
- **1 pincée de piment d'Espelette**

Accord vin
Quails' Gate Chenin blanc 2010, Vallée de l'Okanagan
Code SAQ : 11262920 – 19,10 $

Laver, brosser et ouvrir les huîtres en prenant soin de conserver le liquide. Détacher les huîtres des écailles et les placer dans un bol au réfrigérateur. Réserver les écailles pour le dressage. Filtrer le jus, mesurer et ajouter la même quantité de vinaigre de cidre.

GELÉE IODÉE AU VINAIGRE DE CIDRE

Faire gonfler la gélatine dans l'eau froide pendant 5 minutes, l'égoutter et l'ajouter au jus d'huître vinaigré. Chauffer le jus légèrement pour que la gélatine se dissolve. Laisser tiédir à température ambiante.

Couper finement le bacon de sanglier et le faire revenir à feu moyen-doux dans une poêle avec un peu de beurre jusqu'à ce qu'il soit croustillant.

DRESSAGE

Disposer les écailles vides sur un lit de gros sel agrémenté de poivre rose. Placer une huître dans chaque écaille et couler le jus vinaigré encore tiède dessus. Laisser figer légèrement la gelée au réfrigérateur, puis garnir de bacon de sanglier et saupoudrer de piment d'Espelette.

À savoir
Vous pouvez remplacer le bacon de sanglier par le caviar de votre choix ou des petites billes de concombre.

•

La gelée iodée doit être tremblotante, c'est-à-dire à peine prise.

Carpaccio de cerf rouge au vinaigre de framboise, betteraves cuites et crues

POUR 4 PERSONNES

VINAIGRETTE
- **20 ml (4 c. à thé) de bon vinaigre de framboise**
- **5 framboises fraîches, écrasées**
- **Sel, poivre du moulin et tabasco, au goût**
- **30 ml (2 c. à tab) d'huile d'olive extra-vierge**

CARPACCIO
- **200 g (6 oz) de viande de cerf (filet, longe ou cuisse)**
- **Mélange d'épices pour gibier** **(voir recette en page 240)**

BETTERAVES
- **2 petites betteraves rouges, séparées**
- **2 petites betteraves jaunes, séparées**

GARNITURE
- **1 échalote grise**
- **10 ml (2 c. à thé) de câpres rincées et égouttées**
- **12 physalis (cerises de terre)**
- **16 framboises fraîches**
- **10 ml (2 c. à thé) de cœurs de quenouille (en conserve)**
- **30 ml (2 c. à tab) de roquette**
- **60 ml (4 c. à tab) de ciboulette ciselée**

VINAIGRETTE

Mélanger le vinaigre de framboise avec 5 framboises fraîches écrasées, sel, poivre, tabasco, puis ajouter l'huile d'olive. Réserver.

CARPACCIO

Rouler la viande de cerf dans le mélange d'épices pour gibier et la colorer rapidement dans une poêle très chaude avec un peu d'huile sur toutes les faces, sans la cuire. Refroidir et congeler pendant 1 heure environ, afin de faciliter le tranchage.

BETTERAVES

Cuire la moitié des betteraves à l'eau salée, égoutter, peler et tailler en quartiers ou en fine julienne. Réserver. Peler les betteraves crues, trancher finement et disposer sur des plaques recouvertes de papier parchemin. Faire sécher au four à 120°C (250°F) pendant 2 heures environ ou jusqu'à ce que les tranches de betterave aient la consistance de chips. Réserver.

Dans un saladier, mélanger les quartiers (ou la julienne) de betterave avec un peu de vinaigrette. Assaisonner de sel, de poivre, d'échalote grise hachée, de quelques framboises et de ciboulette ciselée. Goûter et rectifier l'assaisonnement.

DRESSAGE

À l'aide d'un pinceau, badigeonner le fond des assiettes de vinaigrette. Trancher très finement le cerf et le répartir dans les assiettes. Saler et poivrer, puis lustrer de nouveau de vinaigrette. Déposer au centre un petit bouquet de salade de betterave et décorer de chips de betterave, de câpres, de physalis, de framboises, de cœurs de quenouille et de quelques feuilles de roquette.

Accord vin

Vénétie 2010, Bardolino, Zenato

Code SAQ : 907543 – 12,95 $

À savoir

Vous pouvez ajouter des copeaux de parmesan, si désiré.

•

La viande de cerf peut être remplacée par un autre gibier : bison, caribou, orignal.

•

Ce carpaccio est aussi délicieux avec du bœuf ou du canard.

Œufs de cane mollets et croustillants au caviar de l'Abitibi, blinis, saumon fumé et rosaces de pomme de terre

RECETTE DE FRÉDÉRIC BOULAY

POUR 4 PERSONNES

ŒUFS DE CANE MOLLETS ET CROUSTILLANTS

- **4 œufs de cane**
- **2 feuilles de pâte à brick**
- **2 jaunes d'œufs**
- **10 ml (2 c. à thé) de farine tout usage**
- **Huile pour friture**

BLINIS ET SAUMON FUMÉ

- **4 blinis**
- **4 tranches de saumon fumé**
- **4 rosaces de pommes de terre** **(voir recette en page 109)**
- **60 ml (4 c. à tab) de caviar de l'Abitibi**

Accord vin

Crémant de Loire 2007, Paul Buisse

Code SAQ : 10517552 – 21,35 $

ŒUFS DE CANE MOLLETS ET CROUSTILLANTS

Pocher les œufs à l'eau bouillante pour les rendre mollets et refroidir. Ciseler la pâte à brick finement au ciseau de cuisine et réserver. Dans un bol, battre les jaunes d'œufs ; dans un autre bol, tamiser la farine. En procédant avec beaucoup de soin, rouler les œufs de cane dans la farine, puis les tremper dans les jaunes d'œufs. Égoutter et rouler dans la pâte à brick ciselée.

Frire les œufs un à un dans un bain d'huile bouillante pendant environ 15 secondes. Retirer de l'huile, égoutter et réserver sur un papier absorbant.

BLINIS ET SAUMON FUMÉ

Réchauffer les blinis dans une poêle sans corps gras, juste assez pour les colorer légèrement. Réserver. À l'aide d'un emporte-pièce rond, découper quatre rondelles de saumon fumé d'un diamètre correspondant à celui des blinis.

DRESSAGE

Dans le fond des assiettes, dresser les rosaces de pommes de terre ; y déposer les blinis, puis superposer le saumon fumé, les œufs mollets et terminer avec une quenelle de caviar.

À savoir

Le caviar de l'Abitibi est un ingrédient d'exception à base d'œufs de corégone qui est produit à Laniel, au Témiscamingue, par M. Ghislain Trudel. Il est disponible dans certaines épiceries fines qui offrent les spécialités du Québec.

Rillettes de lapin au naturel, marinades et condiments

POUR 4 PERSONNES

LAPIN CONFIT

- **1 kg (2,2 lb) d'épaules de lapin**
- **30 ml (2 c. à tab) de gros sel**
- **500 ml (2 t) de gras de canard ou de porc**
- **Poivre du moulin, au goût**

DRESSAGE

- **Marinière de légumes (voir recette en page 239)**
- **Purée d'abricots séchés au thé du Labrador (voir recette en page 46)**

Accord vin

Pinot Grigio Riserva 2009,
Trentino d.o.c. Mezzacorona
Code SAQ : 10780320 – 16,20 $

Frotter le lapin avec le sel et laisser mariner au réfrigérateur pendant 24 heures.

Le lendemain, rincer à l'eau froide et bien essuyer la viande avec des essuie-tout. Dans un grand chaudron, faire chauffer le gras sans bouillir et y déposer les épaules de lapin. Confire doucement dans un four préchauffé à 100°C (210°F) pendant environ 8 heures.

Sortir du four, laisser tiédir et désosser délicatement. Poivrer et mélanger avec un peu de gras de cuisson. Il est important de faire cette opération lorsque la viande et le gras sont tièdes. Remplir des petits pots de verre ou de grès avec ce mélange et conserver au réfrigérateur pendant 24 heures avant de déguster avec des tartines de pain de campagne grillé.

DRESSAGE

Servir cette terrine garnie d'une marinière de légumes. Accompagner avec la purée d'abricots au thé du Labrador.

À savoir

Vous pouvez parfumer cette rillette avec de l'estragon, du romarin ou du thym, au goût.

•

Au restaurant Le Saint-Amour, nous cuisons tous les confits et les mijotés à basse température, c'est-à-dire à 65°C (149°F) pendant 24 heures. Cette technique permet d'obtenir un maximum de saveur et de tendreté et un minimum de perte.

Ravioles au crabe des neiges et au mascarpone, bouillon au parmesan

POUR 4 PERSONNES

PÂTE À RAVIOLES
- **200 g (1 1/3 tasse) de farine tout usage**
- **25 g (1 oz) de poudre de corail de homard (dans les épiceries fines)**
- **4 jaunes d'œufs**
- **1 œuf**

FARCE AU CRABE
- **120 g (4 oz) de fromage mascarpone**
- **150 g (5 oz) de chair de crabe des neiges**
- **10 ml (2 c. à thé) de coriandre fraîche hachée**
- **Sel, poivre du moulin et piment d'Espelette, au goût**
- **1 blanc d'œuf**

BOUILLON AU PARMESAN
- **500 ml (2 t) de bouillon de volaille (voir recette en page 238)**
- **500 ml (2 t) de lait 3,25 % chaud**
- **250 g (1/2 lb) de parmesan reggiano râpé**
- **125 g (4 oz) de beurre froid en petits dés**
- **Sel, poivre du moulin et piment d'Espelette, au goût**

DRESSAGE
- **Coriandre fraîche en feuilles (pour garnir)**
- **Crabe des neiges (pour garnir)**

Accord vin

Pinot Gris 2009, Amisfielf, Central Otago
Code SAQ : 10826076 – 34,25 $

PÂTE À RAVIOLES

Dans un grand bol, tamiser la farine et mélanger avec la poudre de corail. Ajouter les jaunes d'œufs et l'œuf entier progressivement et mélanger jusqu'à l'obtention d'une pâte lisse. Fraiser légèrement sur la table (écraser la pâte avec la paume de la main pour l'assouplir) ; emballer dans de la pellicule de plastique et placer au réfrigérateur pendant 1 heure.

FARCE AU CRABE

Lisser le mascarpone à l'aide d'une spatule afin de le rendre onctueux. Émietter le crabe et le mélanger au mascarpone. Ajouter la coriandre, le sel, le poivre et le piment d'Espelette. Réserver au réfrigérateur.

À l'aide d'un laminoir à pâtes fraîches, abaisser la pâte à ravioles en fines bandes, puis, avec un emporte-pièce rond, la découper en cercles. Sur la moitié des cercles, déposer une cuillère de farce au crabe. Badigeonner les pourtours avec du blanc d'œuf, recouvrir d'un autre cercle de pâte et pincer délicatement les rebords pour bien sceller les pâtes l'une sur l'autre et empêcher la garniture de s'échapper.

BOUILLON AU PARMESAN

Faire chauffer le bouillon de poulet à frémissement, puis y pocher doucement les ravioles pendant quelques minutes. Elles sont cuites quand elles remontent à la surface. Retirer du bouillon et garder au chaud pendant la préparation du bouillon au parmesan.

Amener à ébullition le bouillon de cuisson avec le lait et le parmesan. Mixer longuement au Thermomix ou au mélangeur à main afin que le fromage fonde et que le bouillon devienne lisse. Ajouter le beurre froid peu à peu sans cesser de mixer. Goûter et rectifier l'assaisonnement.

DRESSAGE

Dans des assiettes creuses chaudes, disposer quelques ravioles, puis verser le bouillon de parmesan bouillant. Saupoudrer de poudre de corail de homard et de coriandre ciselée. Garnir de morceaux de crabe, si désiré.

À savoir

Vous pouvez également ajouter quelques gouttes d'huile parfumée à la truffe.

Gambas confites au foie gras, chou croquant au cumin, crème de crustacés

POUR 4 PERSONNES

GAMBAS CONFITES

- **200 g (7 oz) de gras de foie gras ou de canard**
- **8 gambas (très grosses crevettes)**
- **Sel et poivre du moulin, au goût**

CHOU CROQUANT AU CUMIN

- **1/2 chou de Savoie (environ 200 g/6 oz)**
- **Sel, poivre du moulin et cumin en poudre, au goût**
- **100 ml (1/3 t) de crème de crustacés** **(voir recette en page 239)**

GARNITURE

- **4 petites carottes blanchies**
- **Piment d'Espelette ou poudre de corail de homard (facultatif)**

Accord vin

Riesling Échos 2009, Tawse Winery

Code SAQ : 11156220 – 19,95 $

GAMBAS CONFITES

Dans une casserole, faire chauffer le gras de canard à 80°C (176°F). Assaisonner les gambas et les confire doucement dans le gras de canard pendant 5 minutes. Retirer du feu et laisser les gambas reposer dans le gras afin d'en compléter la cuisson.

CHOU CROQUANT AU CUMIN

Émincer finement le chou de Savoie et le blanchir rapidement à l'eau bouillante. Il doit demeurer légèrement croquant. Égoutter parfaitement et éponger avec des essuie-tout. Faire revenir dans une poêle à feu moyen avec un peu du gras de cuisson des gambas. Assaisonner de sel, de poivre et de cumin.

DRESSAGE

Disposer au centre de chaque assiette un petit dôme de chou croquant au cumin et y placer les gambas confites. Napper de crème de crustacés.

GARNITURE

Décorer avec des petites carottes blanchies, du piment d'Espelette ou de la poudre de corail de homard.

À savoir

Pour créer un plat d'exception, il suffit d'ajouter une tranche de foie gras poêlé ou en terrine.

•

Plusieurs poissons à chair ferme peuvent se confire dans la graisse de canard, comme le merlin et l'espadon. On utilise la même technique que pour les gambas.

LES PLATS PRINCIPAUX

Au fil des ans, le chef Boulay a développé une relation de confiance avec différents fournisseurs de viande, de volaille, de poisson et de fruits de mer parce qu'ils savent livrer de la qualité avec constance. Cela s'avère essentiel pour le succès d'un restaurant comme le Saint-Amour, qui s'est fait une spécialité des gibiers à poil et à plumes, dont le cerf de Boileau, le wapiti ou le foie gras et la canette de la Ferme du Canard goulu. Les poissons tiennent aussi une grande place dans le menu, avec le thon rouge et l'espadon pêchés à la ligne, le crabe des neiges du golfe du Saint-Laurent ou le homard des Îles-de-la-Madeleine. Jean-Luc a aussi su créer un véritable lien d'amitié avec les jeunes éleveurs Nicolas Turcotte et Rhéa Loranger, dont la ferme familiale située en Beauce se spécialise depuis trois ans dans la production de pigeonneaux dont la chair est d'une grande qualité. Ils sont parmi les seuls à s'y consacrer au pays et c'est tout un défi puisque les Québécois sont peu familiers avec cette viande très tendre et goûteuse, riche en protéines et en fer et dépourvue de gras. Pigeonneaux Turlo élève aussi des porcelets qui obtiennent la faveur des chefs. Les ventes se font directement auprès de la clientèle de restaurateurs et de particuliers.

Gros pétoncles farcis de tartuffata sur une purée d'asperges vertes truffées, mousseuse au Noilly Prat

POUR 4 PERSONNES

TARTUFFATA
- **100 g (3 oz) de cèpes**
- **Sel, poivre, huile d'olive extra-vierge, au goût**
- **1 truffe noire**
- **25 ml (5 c. à thé) d'huile de truffe**

ASPERGES ET PÉTONCLES
- **1 paquet d'asperges vertes**
- **Le jus de 1 citron**
- **16 gros pétoncles frais**
- **15 ml (1 c. à tab) de beurre (pour rôtir les pétoncles)**
- **15 ml (1 c. à tab) d'huile d'olive (pour rôtir les pétoncles)**

MOUSSEUSE AU NOILLY PRAT
- **2 échalotes grises hachées finement**
- **30 ml (2 c. à tab) de blanc de poireau haché**
- **100 ml (7 c. à tab) de Noilly Prat**
- **1 branche de thym**
- **100 ml (7 c. à tab) de crème 35 %**
- **15 ml (1 c. à tab) de beurre froid**
- **Sel, poivre, piment d'Espelette, au goût**

Accord vin

Muscadet Sèvre-et-Maine 2009, Expression d'Orthogneiss, Domaine de l'Écu

Code SAQ : 10919141 – 19,35 $

TARTUFFATA*

Émincer les cèpes et cuire dans une poêle chaude à l'huile d'olive. Assaisonner et ajouter la truffe noire émincée. Réduire en purée au Thermomix ou au robot. Ajouter l'huile parfumée à la truffe et réserver.

*Vous pouvez trouver cette spécialité italienne dans certaines épiceries fines. On en trouve aussi à base d'olives noires et de truffes moins onéreuses.

ASPERGES ET PÉTONCLES

Tailler et éplucher les asperges et les cuire dans l'eau bouillante salée. Réduire en purée au Thermomix ou au robot. Ajouter le jus de 1 citron et rectifier l'assaisonnement. Réserver.

Sectionner le muscle dur des pétoncles (sur le côté). À l'aide d'un petit couteau bien aiguisé, trancher les pétoncles au centre, sur l'épaisseur, en prenant soin de ne pas séparer complètement les deux moitiés. Farcir de tartuffata avec une poche à douille ou une petite cuillère. Saler et poivrer et rôtir à la poêle à feu vif dans un mélange de beurre et d'huile d'olive. Réserver au chaud.

MOUSSEUSE AU NOILLY PRAT

Dans une casserole, faire revenir les échalotes et le poireau dans un peu de beurre. Ajouter le Noilly Prat et la branche de thym et faire réduire de moitié. Ajouter la crème et laisser mijoter pendant 2 minutes. Passer cette sauce au tamis et mixer au Thermomix ou au robot en ajoutant le beurre afin d'obtenir une sauce très mousseuse. Ajouter un peu de piment d'Espelette et rectifier l'assaisonnement au besoin.

DRESSAGE

Sur des assiettes très chaudes, déposer au centre un peu de purée d'asperges, puis les pétoncles rôtis. Verser 15 ml (1 c. à tab) de sauce. On peut également terminer avec quelques gouttes d'huile parfumée à la truffe noire ou blanche.

À savoir

J'ai découvert la tartuffata lors d'un voyage en Italie, ce qui m'a permis de créer cette recette de pétoncles qui est restée très longtemps à la carte du Saint-Amour. Voilà une autre preuve de l'importance des voyages pour nourrir l'inspiration d'un cuisinier !

•

À la maison comme au restaurant, j'ai toujours sous la main du Noilly Prat, un vin blanc passe-partout avec lequel je cuisine beaucoup. Cet alcool légèrement sucré accompagne parfaitement les pétoncles.

Pavés d'espadon mi-cuits à l'aubergine, émulsion d'avocat pimenté

POUR 4 PERSONNES

ESPADON ET AUBERGINE
- **1 petite aubergine bien ferme**
- **4 tranches épaisses de 150 g (5 oz) d'espadon (pêché écologiquement au harpon ou à la ligne)**
- **Mélange d'épices pour poissons (voir recette en page 240)**
- **45 ml (3 c. à tab) d'huile d'avocat**
- **Sel et poivre du moulin, au goût**

ÉMULSION D'AVOCAT
- **Gros sel pour l'eau de cuisson de l'avocat**
- **1 avocat mûr**
- **Le jus de 2 citrons verts**
- **100 ml (7 c. à tab) d'huile d'avocat**
- **1 pincée de poudre de cari de qualité**
- **1 pincée de piment (Espelette ou autre)**
- **Sel, au goût**

GARNITURE
- **Peau d'aubergine ou fines herbes frites (pour garnir)**

Accord vin

Conde de Valdemar,
Finca Alto de Cantabria 2009, Rioja
Code SAQ : 860171 – 18,45 $

ESPADON ET AUBERGINE

À l'aide d'une mandoline, couper l'aubergine sur la longueur en tranches très fines et régulières. Assaisonner les pavés d'espadon avec le mélange d'épices et envelopper avec les tranches d'aubergine.

Dans une poêle, faire chauffer l'huile d'avocat. Y déposer délicatement le poisson chemisé d'aubergine. Saler et poivrer et faire colorer pendant 2 minutes de chaque côté. Retirer du feu et garder au chaud. La température à cœur doit être de 45°C (113°F), pas plus.

ÉMULSION D'AVOCAT

Faire bouillir de l'eau très salée en ajoutant 30 ml (2 c. à tab) de gros sel pour 1 litre d'eau. Éplucher l'avocat, le couper en 4 et le plonger dans l'eau bouillante pendant 2 minutes. Retirer aussitôt et mixer au Thermomix ou au mélangeur avec le jus de citron vert. Monter ensuite comme une mayonnaise en versant l'huile d'avocat (préalablement chauffée à 80°C/176°F) en un mince filet. Ajouter une pointe de cari et de piment et vérifier l'assaisonnement.

DRESSAGE

Couper les pavés d'espadon en deux et les servir avec l'émulsion d'avocat. Vous pouvez les accompagner avec le caviar d'aubergine (voir recette en page 114) ou une salade.

Décorer avec de la peau d'aubergine ou des herbes frites.

À savoir

Vous pouvez remplacer l'espadon par du saumon ou du merlin et servir ce plat avec un jus de viande ou une sauce tomate.

•

Pour la garniture d'herbes ou la peau d'aubergine frite, les plonger dans de l'huile végétale à 140°C (285°F). Saler aussitôt en sortant du bain d'huile. Égoutter sur du papier absorbant.

« Blanc et Rouge » : homard et pétoncles des Îles-de-la-Madeleine en croûte de corail, jus de carotte biologique à la citronnelle

POUR 4 PERSONNES

HOMARD ET PÉTONCLES
- **4 homards femelles vivants de 700 g (11/2 lb) environ**
- **150 g (5 oz) de pétoncles frais**
- **Sel, poivre, muscade et piment d'Espelette, au goût**
- **160 ml (2/3 t) de crème 35 %**
- **Le zeste de 1 citron**

CROÛTE DE CORAIL
- **Le corail des homards cuits (environ 60 ml/4 c. à tab)**
- **100 g (3 oz) de chapelure de pain**
- **100 g (3 oz) de beurre**
- **10 ml (2 c. à thé) d'estragon frais**
- **60 ml (4 c. à tab) de parmesan reggiano**
- **45 ml (3 c. à tab) de moutarde de Meaux**
- **Sel, poivre et piment d'Espelette, au goût**
- **Jus de carotte biologique (voir recette ci-contre)**

JUS DE CAROTTE BIOLOGIQUE À LA CITRONNELLE
- **2 tiges de citronnelles finement émincées**
- **20 ml (4 c. à thé) d'échalote grise hachée**
- **300 ml (1 1/4 t) de jus de carotte biologique**
- **25 ml (5 c. à thé) de beurre froid, en dés**
- **Sel, poivre et piment d'Espelette, au goût**

Accord vin

Rolet Brut Crémant du Jura mousseux 2008

Code SAQ : 10653380 – 21,20 $

HOMARD ET PÉTONCLES

Cuire les homards à la vapeur pendant environ 10 minutes. Au terme de la cuisson, les couper en deux en prenant soin de conserver intactes les carapaces des queues et des coffres pour le service. Récupérer la chair des pattes, qui servira à farcir les homards. Récupérer le corail, qui servira à la préparation de la croûte de corail. Retirer les queues et décortiquer les pinces et les pattes.

Pour la mousseline de pétoncle, les fruits de mer et la crème doivent être très froids. Au robot, hacher les pétoncles avec le sel, le poivre, la muscade et le piment d'Espelette. Ajouter la crème et le zeste de citron. Mixer jusqu'à l'obtention d'une mousse lisse et ferme. Réserver au réfrigérateur.

CROÛTE DE CORAIL

Passer au robot tous les ingrédients et mixer jusqu'à l'obtention d'une pâte homogène.

MONTAGE HOMARD ET MOUSSE DE PÉTONCLE

Dans une poêle, faire revenir au beurre mousseux les queues et les pinces de homard et les assaisonner. Remettre les queues de homard dans leur carapace et les recouvrir de croûte de corail. Remplir les coffres avec la mousse de pétoncle additionnée des pattes de homard hachées finement.

Réchauffer le tout au four à 180°C (350°F) pendant 15 minutes afin que la mousse de pétoncle cuise et que la croûte de corail gratine.

JUS DE CAROTTE BIOLOGIQUE À LA CITRONNELLE

Dans une petite casserole, faire revenir au beurre la citronnelle avec l'échalote, puis ajouter le jus de carotte et réduire de moitié. Monter au beurre en l'incorporant au fouet petit à petit. Ajouter le sel, le poivre, le piment d'Espelette et passer la sauce au tamis.

DRESSAGE

Dresser les homards sur des assiettes chaudes et servir avec le jus de carotte à la citronnelle. Peut être accompagné de riz.

À savoir

Pour la mousseline de pétoncle, si vous utilisez des pétoncles congelés, vous pouvez ajouter un blanc d'œuf. Il faudra alors mixer les pétoncles au robot, assaisonner, puis ajouter le blanc d'œuf et la crème bien froids. C'est le même procédé pour toutes les mousselines de poisson, de crustacés ou de viande.

Filets de loup de mer poêlés à l'huile d'olive, cari de fenouil et d'oignon à la tomate et aux agrumes

POUR 4 PERSONNES

CARI DE FENOUIL ET D'OIGNON À LA TOMATE ET AUX AGRUMES

- **500 g (1 lb) de tomates fraîches**
- **500 g (1 lb) de bulbe de fenouil**
- **500 g (1 lb) d'oignons espagnols**
- **45 ml (3 c. à tab) d'huile d'olive extra-vierge**
- **10 ml (2 c. à thé) de zeste d'orange**
- **5 ml (1 c. à thé) de zeste de pamplemousse**
- **10 ml (2 c. à thé) de zeste de citron vert et jaune**
- **25 ml (5 c. à thé) de sucre**
- **20 ml (4 c. à thé) de poudre de cari de Madras**
- **45 ml (3 c. à tab) de vinaigre de xérès**
- **Le jus de 1 orange**
- **Le jus de 1 pamplemousse**
- **Le jus de 1 citron vert**

LOUP DE MER POÊLÉ

- **4 filets de loup de mer (ou 2 loups de mer entiers)**
- **Sel et poivre, au goût**
- **60 ml (4 c. à tab) d'huile d'olive pour poêler**
- **Le jus de 1 citron jaune**

- **Algues marinées pour garnir (facultatif)**

Accord vin

Riesling grand cru Saering 2007
Domaine Schlumberger
Code SAQ : 896571 – 28,25 $

CARI DE FENOUIL ET D'OIGNON À LA TOMATE ET AUX AGRUMES

Plonger les tomates de 15 à 20 secondes dans l'eau bouillante, puis les monder, les épépiner et les couper en dés.

Éplucher et émincer le fenouil et les oignons. Dans une casserole, les faire revenir dans l'huile d'olive à feu moyen pendant quelques minutes. Saler et ajouter les zestes d'agrumes et le sucre. Laisser confire doucement 5 minutes. Ajouter le cari, le vinaigre, le jus d'orange, de pamplemousse et de citron vert et les tomates et laisser mijoter doucement à découvert jusqu'à l'obtention d'une belle marmelade.

LOUP DE MER POÊLÉ

Assaisonner le poisson et cuire à la poêle dans l'huile d'olive à feu moyen-vif. Ne pas trop cuire.

DRESSAGE

Au terme de la cuisson, arroser les filets avec le jus de citron et servir sur le lit de cari de fenouil et d'oignon. Si vous utilisez le poisson entier, lever les filets de chaque côté de l'arête dorsale en évitant soigneusement les petites arêtes et servir. Décorer avec un peu d'algues marinées, si désiré.

À savoir

Vous pouvez remplacer le loup de mer par du bar rayé ou de la dorade royale.

Recette créée en 1980

Noix de ris de veau aux langoustines rôties, bette à carde cuisinée, jus crémeux au muscat Samos et aux morilles du Yukon

POUR 4 PERSONNES

BETTE À CARDE

- **1 paquet de bette à carde**
- **45 ml (3 c. à tab) de beurre**
- **100 g (3 oz) d'oignon haché finement**
- **100 g (3 oz) de tomate concassée (voir recette en page 239)**
- **Sel et poivre du moulin, au goût**
- **10 ml (2 c. à thé) de persil plat**

RIS DE VEAU ET SAUCE AUX MORILLES

- **600 g (1 1/3 lb) de noix de ris de veau**
- **45 ml (3 c. à tab) de beurre**
- **2 échalotes grises hachées**
- **250 ml (1 t) de muscat de Samos**
- **250 ml (1 t) de jus de veau ou de viande (voir recette bouillon de volaille en page 238)**
- **45 ml (3 c. à tab) de crème 35 %**
- **100 g (3 oz) de morilles fraîches du Yukon**

LANGOUSTINES

- **8 belles langoustines**
- **45 ml (3 c. à tab) d'huile d'olive**
- **5 g (1 c. à thé) de poudre de corail**

POUR GARNIR

- **Gnocchis de courge musquée au parmesan (voir recette en page 110)**

Accord vin

Chardonnay Heitz Cellar 2008, Napa Valley
Code SAQ : 11098816 – 31,00 $

RIS DE VEAU (1re ÉTAPE)

Blanchir les ris de veau 2 minutes à l'eau frémissante salée, puis les plonger dans l'eau glacée. Égoutter, bien éponger avec des essuie-tout, envelopper dans un linge de cuisine très propre et mettre au réfrigérateur sous presse pendant 12 heures.

BETTE À CARDE

Laver la bette à carde et séparer les feuilles des tiges. Blanchir les feuilles à l'eau bouillante salée 30 secondes, puis plonger dans un bain d'eau glacée pour arrêter la cuisson et fixer la couleur. Égoutter et éponger avec des essuie-tout. Émincer les tiges et les faire revenir au beurre avec l'oignon et la tomate concassée. Saler et poivrer, puis laisser mijoter quelques minutes pour attendrir. Parfumer avec le persil et laisser refroidir complètement.

À l'aide de papier cellophane, façonner des petits baluchons bien serrés avec les feuilles et les tiges de bette à carde. Cela permettra de leur donner une jolie forme et de les raffermir.

RIS DE VEAU (2e ÉTAPE) ET SAUCE AUX MORILLES

Parer les ris de veau (enlever la peau et le gras). Dans une poêle, les rôtir au beurre de chaque côté à feu moyen-vif. Terminer la cuisson au four à 180°C (350°F) pendant environ 5 minutes en arrosant régulièrement. Réserver au chaud.

Retirer l'excédent de gras de la poêle, ajouter les échalotes et déglacer avec le muscat. Réduire aux trois quarts, ajouter le jus de veau, puis porter à ébullition. Ajouter la crème et faire réduire 1 minute à feu vif.

Laver et égoutter les morilles et les faire revenir au beurre à feu moyen-vif pendant 5 minutes environ. Les ajouter à la sauce et laisser mijoter de 5 à 7 minutes.

LANGOUSTINES

Décortiquer délicatement les langoustines et les rôtir dans l'huile d'olive à feu moyen-vif. Assaisonner et saupoudrer de poudre de corail. Réserver au chaud.

DRESSAGE

Réchauffer les noix de ris de veau dans la sauce aux morilles et déposer sur des assiettes chaudes. Ajouter les langoustines et napper de sauce. Accompagner de baluchons de bette à carde réchauffés 5 minutes à la vapeur et de gnocchis de courge musquée.

À savoir

Les morilles fraîches du Yukon peuvent être remplacées par des champignons séchés, mais il faut en prévoir un peu moins (25 % environ). Les langoustines peuvent être remplacées par des gambas (grosses crevettes).

Pigeonneaux Turlo cuits sur coffre, cuisses farcies et confites au foie gras, poêlée de crosnes, jus de presse aux abats, fondant chaud à la moelle de brocoli et têtes de violon

POUR 4 PERSONNES

PIGEONNEAUX
- **4 pigeonneaux de 400 g (14 oz) chacun environ, avec leurs abats (foie et cœur)**
- **Mélange d'épices à volaille, au goût (voir recette en page 240)**
- **80 g (2 1/2 oz) de terrine de foie gras (voir recette en page 44)**
- **310 ml (1 1/4 t) de gras de canard**
- **45 ml (3 c. à tab) de beurre**
- **60 g (2 oz) d'échalote grise hachée**
- **2 gousses d'ail en chemise**

JUS DE PRESSE AU PORTO
- **100 ml (7 c. à tab) de porto**
- **625 ml (2 1/2 t) de bouillon de volaille (voir recette en page 238)**
- **1 branche de thym**
- **1 feuille de laurier**

GARNITURE
- **200 g (6 oz) de crosnes**
- **Gros sel et poivre du moulin, au goût**
- **30 ml (2 c. à tab) de beurre**
- **250 ml (1 t) de bouillon de volaille (voir recette en page 238)**
- **200 g (6 oz) de têtes de violon**
- **Fondant chaud à la moelle de brocoli (voir recette en page 114)**

Accord vin

Crozes-Hermitage 2009, Les Meysonniers, Chapoutier
Code SAQ : 10259876 – 26,25 $

À savoir

Pour un repas de fête, le nec plus ultra serait de servir ce plat d'exception, qui est mon préféré, avec une tranche de foie gras poêlé et de parfumer la sauce de truffes blanches ou noires.

PIGEONNEAUX

Lever les cuisses de pigeonneau, supprimer la fourchette (l'os en V près des suprêmes) et sectionner le cou et la colonne vertébrale. (Vous pouvez demander à votre boucher de le faire.) Concasser les carcasses finement. Prélever les foies et les cœurs (environ 140 g/5 oz), les parer, puis réduire en purée au robot.

Désosser délicatement les cuisses de pigeonneau en conservant uniquement les os des pilons. Les manchonner (couper l'attache du muscle et faire remonter la chair et la peau pour dégager l'os). Assaisonner avec le mélange d'épices à volaille et farcir avec le foie gras. Barder avec la peau et attacher avec de la ficelle à cuisine.

Dans une petite casserole, faire chauffer le gras de canard et y confire doucement les cuisses à 80°C (176°F) pendant environ 2 heures. Au terme de la cuisson, retirer du gras de pochage et colorer rapidement à la poêle afin de rendre la peau croustillante. Réserver au chaud.

Préchauffer le four à 180°C (350°F). Dans une poêle, faire fondre le beurre, assaisonner les coffres de pigeonneau avec les épices à volaille et les faire revenir à feu moyen-vif sur tous les côtés. Ajouter les carcasses, les échalotes et l'ail en chemise et continuer à colorer le tout.

Poursuivre la cuisson au four pendant 6 minutes en arrosant souvent avec le gras de cuisson. Au terme de la cuisson, qui doit être saignante (40°C/104°F à cœur), envelopper les coffres de pigeonneau dans du papier d'aluminium et laisser reposer 5 minutes. Remettre la poêle sur le feu et terminer la caramélisation des carcasses.

JUS DE PRESSE AU PORTO

Déglacer avec le porto, réduire de moitié et ajouter le bouillon de volaille. Parfumer avec le thym et le laurier. Réduire à feu moyen-doux jusqu'à ce qu'il ne reste que 310 ml (1 1/4 t) de jus. Passer ce jus au tamis en pressant fortement. Hors du feu, mixer avec la purée de foie et de cœur afin de lier le jus et lui donner de la saveur. Rectifier l'assaisonnement. Réserver au chaud.

GARNITURE

Placer les crosnes dans un torchon, ajouter un peu de gros sel et les rouler énergiquement dans le torchon afin de les éplucher. Laver, égoutter et assécher sur des essuie-tout. Dans une poêle, les faire sauter dans 15 ml (1 c. à tab) de beurre à feu moyen. Assaisonner et mouiller avec du bouillon de volaille, puis baisser le feu et laisser mijoter jusqu'à tendreté.

Laver les têtes de violon à grande eau. Les blanchir dans de l'eau bouillante salée à raison de 20 ml (4 c. à thé) de gros sel par litre d'eau. Égoutter et répéter l'opération. Cela permet d'éliminer l'acide oxalique et la couleur brunâtre. Égoutter, garnir avec le reste du beurre et vérifier l'assaisonnement.

DRESSAGE

Réchauffer le fondant de brocoli à la vapeur. Désosser les suprêmes des coffres de pigeonneau, disposer harmonieusement sur des assiettes chaudes avec les cuisses confites et napper de sauce. Garnir avec les crosnes, les têtes de violon et le fondant de brocoli.

Suprêmes de caille farcis aux champignons sauvages sur rouelles d'oignon grillé au thym

POUR 4 PERSONNES

SUPRÊMES DE CAILLE FARCIS

- **4 cailles royales désossées (poitrine seulement) (réserver les cuisses pour une autre recette)**
- **Sel, poivre et cardamome moulue, au goût**
- **600 g (1 1/3 lb) de champignons sauvages frais (chanterelles, trompettes, cèpes, etc.)**
- **20 ml (4 c. à thé) d'huile d'olive**
- **1 échalote grise hachée**
- **20 ml (4 c. à thé) de persil haché**
- **10 ml (2 c. à thé) de beurre**
- **45 ml (3 c. à tab) de parmesan râpé**
- **1 œuf**
- **1 gros oignon rouge**
- **1 branche de thym**

GARNITURE

- **Jus de volaille (voir recette en page 238)**
- **Purée de céleri-rave aux pommes (voir recette en page 109)**

Accord vin

Pinot Noir en Barberon, Côtes de Jura 2008, Stéphane Tissot, Domaine André et Mireille Tissot

Code SAQ : 10269661 – 31,50 $

SUPRÊMES DE CAILLE FARCIS

Étaler les suprêmes de caille sur le plan de travail. Assaisonner de sel, de poivre et de cardamome.

Laver ou brosser les champignons, assécher à l'aide d'essuie-tout et émincer. Faire revenir dans une poêle chaude dans l'huile d'olive à feu vif jusqu'à ce qu'ils aient rendu leur eau de végétation. Ajouter l'échalote, le persil et le beurre. Assaisonner et ajouter le parmesan. Refroidir au réfrigérateur, puis lier avec l'œuf.

Farcir les cailles avec la préparation aux champignons et façonner en petits baluchons à l'aide de papier cellophane. Cuire les cailles à la vapeur pendant 30 minutes pour une cuisson à cœur de 65°C (149°F). Entre-temps, couper 4 tranches d'oignon de 2,5 cm (1 po) d'épaisseur. Saler, poivrer et griller doucement à la poêle dans un peu d'huile d'olive avec le thym.

DRESSAGE

Sur les assiettes chaudes, disposer une rouelle d'oignon et y placer une caille farcie. Accompagner de jus de volaille réchauffé et de purée de céleri-rave.

À savoir

Vous pouvez parfumer le jus de volaille d'une huile de champignon (truffes, cèpes, etc.).

•

Vous pouvez aussi remplacer la caille par une escalope de poulet.

Poitrines de canette de Barbarie de la Ferme du Canard goulu lustrées au cassis, pommes caramélisées aux épices, jus au cidre de glace, rutabaga cuisiné comme une choucroute

POUR 4 PERSONNES

POITRINES DE CANETTE
- **2 pommes à cuisson**
- **4 poitrines de canette**
- **Épices à volaille (voir recette en page 240), au goût**
- **Gras de canard et beurre (pour la cuisson)**

SAUCE
- **1 échalote grise**
- **10 ml (2 c. à thé) de vinaigre de cidre**
- **45 ml (3 c. à tab) de vin blanc**
- **200 ml (3/4 t) de cidre de glace**
- **45 ml (3 c. à tab) de jus de pomme**
- **100 ml (7 c. à tab) de jus de viande (voir recette en page 238)**
- **30 ml (2 c. à tab) de crème 35 %**

GLACE AU CASSIS
- **100 ml (7 c. à tab) de crème de cassis**
- **Baies de cassis**

GARNITURE
- **400 ml (1 2/3 t) de rutabaga cuisiné comme une choucroute (voir recette en page 116)**
- **Sel et poivre, au goût**
- **Baies de cassis (facultatif)**

Accord vin

Vin de Pays de Cesse 2009,
Les Trois P'tits C, Vignoble du Loup Banc
Code SAQ : 10528239 – 21,00 $

POITRINES DE CANETTE

Éplucher les pommes et les couper en quartiers. Garder les parures pour la sauce.

Assaisonner les poitrines de canette avec les épices à volaille. Dans une poêle chaude, les faire colorer à feu moyen-vif dans un peu de gras de canard et de beurre. Terminer la cuisson au four à 180°C (350°F) jusqu'à ce que la viande atteigne 50°C (122°F) à cœur (cuisson rosée importante pour tendreté). Retirer du four et laisser reposer 10 minutes recouvert de papier d'aluminium.

Dans une poêle chaude, caraméliser les quartiers de pomme de chaque côté dans un peu de gras de canard, puis saupoudrer d'épices à volaille. Réserver au chaud.

SAUCE

Hacher l'échalote et cuire 2 minutes avec les parures de pommes dans la poêle ayant servi à colorer les poitrines et dont on a retiré l'excédent de gras. Déglacer avec le vinaigre et laisser réduire à sec. Mouiller avec le vin blanc et le cidre de glace et faire réduire de moitié. Ajouter le jus de pomme, le jus de viande et la crème. Réduire le feu et laisser mijoter pendant 10 minutes.

Mixer la sauce au Thermomix ou au mélangeur et la passer au tamis. Ajouter le jus rendu des poitrines de canette obtenu par le temps de repos. Rectifier l'assaisonnement et réserver au chaud.

GLACE AU CASSIS

Faire réduire la crème de cassis avec quelques baies de cassis afin d'obtenir un sirop. À l'aide d'un pinceau, en lustrer généreusement les poitrines de canette. Les remettre au four à feu doux à 125°C (260°F) pour les réchauffer avant le service. Les lustrer régulièrement avec cette préparation.

DRESSAGE

Sur des assiettes chaudes, déposer un lit de rutabagas. Couper les poitrines de canette lustrées en deux sur le biais afin de voir leur jolie teinte rosée. Garnir avec les pommes caramélisées et le jus au cidre de glace. Ajouter quelques baies de cassis, si désiré.

À savoir

Ce jus au cidre de glace peut également servir pour accompagner tous les gibiers ainsi que le porc.

Filets de lapereau croustillants aux abats, jus corsé aux échalotes de Sainte-Anne, tagliatelles de légumes

POUR 4 PERSONNES

FILETS ET FARCE DE LAPEREAU
- **1 lapereau avec son foie**
- **Sel, poivre, cinq-épices, au goût**
- **45 ml (3 c. à tab) de moutarde de Dijon**
- **45 ml (3 c. à tab) de beurre**
- **2 branches de thym**
- **1 échalote de Sainte-Anne**
- **10 ml (2 c. à thé) de liqueur Sortilège ou de cognac**

MONTAGE DES FILETS DE LAPEREAU
- **2 feuilles de bette à carde**
- **1 feuille de pâte à brick**
- **200 ml (3/4 t) d'huile végétale (pour la friture)**

JUS CORSÉ AUX ÉCHALOTES DE SAINTE-ANNE
- **15 ml (1 c. à tab) de beurre**
- **8 échalotes grises de Sainte-Anne**
- **200 ml (3/4 t) de jus de viande** **(voir recette en page 238)**
- **1 branche de thym**
- **10 ml (2 c. à thé) de bon vinaigre balsamique**
- **300 g (9 oz) de tagliatelles de légumes** **(voir recette en page 114)**

Accord vin

Château La Tomaze 2008, Anjou-Villages
Code SAQ : 872747 – 17, 60 $

FILETS ET FARCE DE LAPEREAU

Lever les filets de lapereau et les parer à vif. (Cette opération peut être faite par votre boucher.) Assaisonner de sel, de poivre et de cinq-épices. Dans une poêle, colorer à feu vif dans du beurre sur tous les côtés. Retirer du feu. Dans un bol, mélanger la moutarde avec les feuilles de thym et en enduire généreusement les filets de lapereau. Placer les deux filets tête-bêche (côte à côte, mais en sens inverse). Réserver.

Parer les foies de lapereau, assaisonner de sel, de poivre et de cinq-épices et saisir au beurre dans une poêle chaude avec quelques feuilles de thym et une échalote hachée. Flamber à l'alcool (liqueur Sortilège ou cognac) et passer au robot afin d'obtenir une farce de texture fine et uniforme.

MONTAGE DES FILETS DE LAPEREAU

Blanchir les feuilles de bette à carde 1 minute à l'eau bouillante salée, puis plonger dans un bain d'eau glacée pour arrêter la cuisson et fixer la couleur. Égoutter et éponger avec des essuie-tout.

Sur un plan de travail, étaler la feuille de pâte à brick, puis déposer dessus les feuilles de bette à carde, la farce et les filets de lapereau tête-bêche. Rouler serré pour former un rouleau régulier.

Dans une poêle, faire chauffer l'huile végétale à feu vif et y colorer sur toutes les faces le rouleau de lapereau. Retirer de la poêle et éponger avec des essuie-tout pour enlever l'excédent de gras. Disposer sur une plaque et terminer la cuisson au four à 180°C (350°F) pendant environ 5 minutes. Sortir du four et laisser reposer pendant 5 minutes. La cuisson du lapereau doit être rosée, à 55°C (131°F).

JUS CORSÉ AUX ÉCHALOTES DE SAINTE-ANNE

Entre-temps, éplucher les échalotes de Sainte-Anne et rôtir au beurre dans une poêle chaude. Saler et poivrer et terminer la cuisson au four à 180°C (350°F) pendant une dizaine de minutes. Retirer du four, dégraisser la poêle, ajouter le jus de viande, une branche de thym, puis rectifier l'assaisonnement. Ajouter un trait de bon vinaigre balsamique.

DRESSAGE

Découper les filets de lapereau croustillants en tranches épaisses et servir avec les échalotes rôties et le jus de viande parfumé. Accompagner de tagliatelles de légumes.

À savoir

Échalotes de la bonne Sainte-Anne : cette variété patrimoniale de la région de la Côte-de-Beaupré à la jolie forme élancée et à la saveur marquée a été remise au goût du jour grâce au travail de l'agricultrice Isabelle Martineau, de la Ferme du Bon Temps, à Saint-Joachim.

Pavés de veau de lait, champignons shiitake confits et mini-épinards au fromage Alfred le fermier

POUR 6 PERSONNES

CONFIT DE CHAMPIGNONS SHIITAKE

- **200 g (6 oz) de champignons shiitake**
- **90 ml (6 c. à tab) d'huile d'olive**
- **Sel et poivre du moulin, au goût**

PAVÉS DE VEAU DE LAIT

- **700 g (1¾ lb) de veau de lait dans la longe, taillé en tranches de 120 g (4 oz) environ**
- **Sel, poivre du moulin et muscade, au goût**
- **45 ml (3 c. à tab) d'huile du confit de champignons**
- **15 ml (1 c. à tab) de beurre**
- **200 g (6 oz) de fromage Alfred le fermier**
- **50 g (1 1/2 oz) de mini-épinards**

GARNITURE

- **500 g (1 lb) de pâtes alimentaires cuites**
- **Jus de viande (voir recette en page 238) ou sauce tomate**

Accord vin

Chardonnay Private Selection Mondavi, Californie 2010

Code SAQ : 379180 – 18,95 $

CONFIT DE CHAMPIGNONS SHIITAKE

Retirer les tiges des champignons et mettre ceux-ci dans une petite casserole avec l'huile d'olive. Chauffer l'huile à feu doux juste sous le point d'ébullition et confire les têtes des champignons environ 30 minutes, jusqu'à ce qu'elles soient tendres. Retirer du bain d'huile, saler, poivrer et mettre sous presse (entre deux plaques), afin de les aplatir. Conserver l'huile pour la cuisson des pavés de veau.

PAVÉS DE VEAU DE LAIT

Assaisonner les pavés de veau de sel, de poivre et de muscade. Verser la moitié de l'huile ayant servi à confire les shiitake dans une poêle et chauffer à feu moyen-vif. Ajouter le beurre et colorer légèrement les pavés de veau sur les deux côtés. Retirer du feu et mettre sur une plaque allant au four.

Couper le fromage en fines tranches de la même taille que les pavés de veau. Disposer sur les pavés quelques épinards, des shiitake confits et une tranche de fromage. Poivrer et enfourner pendant 7 minutes environ à 180°C (350°F) afin que la viande finisse de cuire et que le fromage fonde et enrobe le tout. La cuisson du veau doit être rosée, à 55°C (131°F).

DRESSAGE

Dresser les pavés de veau sur des assiettes très chaudes et accompagner de pâtes fraîches, de jus de viande ou de sauce tomate, si désiré.

À savoir

Vous pouvez utiliser le fromage de votre choix : Migneron, Sainte-Marguerite, etc. Le veau peut être remplacé par du porc ou de la volaille. C'est une préparation qui peut se faire d'avance et qu'il suffit d'enfourner à la demande.

Carrés d'agneau en croûte de sarriette et piment d'Espelette, tatins de tomate au fromage de chèvre et jus corsé aux aromates

RECETTE DE FRÉDÉRIC BOULAY

POUR 4 PERSONNES

CARRÉS D'AGNEAU
- **2 carrés d'agneau**
- **1 branche de sarriette hachée**
- **200 ml (3/4 t) d'huile d'olive**
- **15 ml (1 c. à tab) de piment d'Espelette**
- **30 ml (2 c. à tab) de beurre**

CROÛTE DE SARRIETTE
- **10 ml (2 c. à thé) de persil frisé**
- **3 branches de sarriette hachée**
- **10 ml (2 c. à thé) de parmesan reggiano**
- **25 ml (5 c. à thé) de beurre pommade**
- **25 ml (5 c. à thé) de chapelure de pain**

TOMATES FARCIES ET POLENTA
- **4 belles tomates rouges**
- **120 g (4 oz) de fromage de chèvre**
- **200 g (6 oz) de polenta maison (ou déjà préparée/dans les épiceries fines)**
- **15 ml (1 c. à tab) de beurre (pour cuire)**

JUS CORSÉ D'AGNEAU
- **10 ml (2 c. à thé) de chacun : olives noires, tomates séchées, échalote grise et câpres**
- **100 ml (7 c. à tab) de jus d'agneau (voir recette jus de viande en page 238)**
- **Moutarde de Dijon, au goût**
- **Sel de mer et poivre du moulin, au goût**

Accord vin

Osoyoos Larose, Le grand vin, Vallée de l'Okanagan

Code SAQ : 10293169 – 43,25 $

CARRÉS D'AGNEAU

Désosser les carrés d'agneau. Hacher finement la branche de sarriette. Mélanger l'huile d'olive avec la sarriette et le piment d'Espelette et badigeonner les carrés d'agneau. Laisser mariner pendant 12 heures au réfrigérateur en badigeonnant à quelques reprises. Bien égoutter l'agneau et le cuire au beurre dans une poêle à feu moyen-vif (cuisson rosée à 55°C/131°F).

CROÛTE DE SARRIETTE

Préparer la croûte en mélangeant le persil et la sarriette finement hachés avec le parmesan, le beurre pommade et la chapelure. Abaisser l'appareil à 5 mm (1/5 po) et congeler partiellement pour faciliter le tranchage. Tailler de fines bandes de la même largeur que celle des carrés d'agneau et réserver.

TOMATES FARCIES ET POLENTA

Blanchir les tomates 15 secondes dans l'eau bouillante, bien égoutter, monder et évider. Assaisonner et farcir avec le fromage de chèvre. Réchauffer les tomates farcies au four à 100°C (210°F) pendant 5 minutes (s'assurer que le cœur est tiède, à 60°C/140°F).

Tailler la polenta en quatre morceaux à l'aide d'un emporte-pièce de la même grosseur que la circonférence des tomates et s'assurer que l'épaisseur soit d'au moins 1 cm (1/2 po). Poêler au beurre jusqu'à l'obtention d'une belle coloration. Retirer et égoutter sur des essuie-tout.

JUS CORSÉ D'AGNEAU

Hacher grossièrement les olives, les tomates séchées, l'échalote et les câpres. Mélanger avec le jus d'agneau et réchauffer doucement pour faire infuser.

DRESSAGE

Gratiner le carré d'agneau préalablement badigeonné de moutarde de Dijon et de croûte de sarriette au four à 230°C (450°F) pendant 1 minute. Disposer la polenta poêlée au fond des assiettes et déposer dessus le tatin de tomate au fromage de chèvre réchauffé. Ajouter le carré d'agneau à côté. Verser 60 ml (4 c. à tab) de sauce bien chaude dans 4 petits récipients et servir.

À savoir

Pour le jus d'agneau, procédez comme pour la recette de jus de viande, mais en utilisant des os d'agneau.

Recette créée en 1990

Saisie de bison au poivre long, crème au fromage bleu de brebis et noisettes, réduction de cassis Monna et Filles, copeaux de choux de Bruxelles

POUR 4 PERSONNES

RÉDUCTION DE CASSIS
- **100 ml (7 c. à tab) de crème de cassis Monna et Filles**

SAISIE DE BISON
- **1 poivre long entier**
- **4 filets de bison de 150 g (5 oz) chacun**
- **Sel, au goût**
- **45 ml (3 c. à tab) d'huile végétale (pour cuire)**

SAUCE
- **1 échalote grise**
- **5 ml (1 c. à thé) d'huile végétale (pour cuire)**
- **1 branche de thym**
- **100 ml (7 c. à tab) de vin blanc**
- **100 ml (7 c. à tab) de crème 35 %**
- **45 g (1 1/2 oz) de fromage bleu de brebis**
- **30 g (1 oz) de beurre froid, en dés**

GARNITURE
- **200 g (6 oz) de choux de Bruxelles**
- **Huile de noisette, au goût**
- **4 rosaces de pommes de terre (voir recette en page 109)**
- **Baies de cassis (pour garnir/facultatif)**
- **Noisettes, au goût**

Accord vin

Shiraz, Shotfire Ridge 2009, Thorn Clarke, Barossa
Code SAQ : 10829322 – 25,75 $

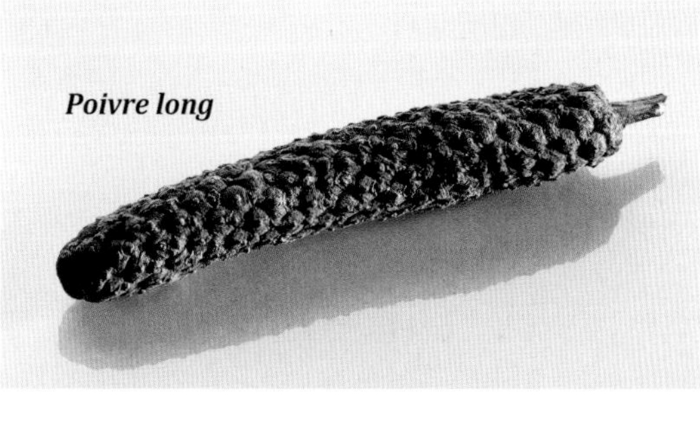
Poivre long

RÉDUCTION DE CASSIS

Dans une petite casserole, faire réduire la crème de cassis jusqu'à l'obtention d'un liquide sirupeux qui nappe le dos d'une cuillère. Réserver au chaud.

SAISIE DE BISON

À l'aide d'un mortier, écraser le poivre long. Assaisonner les filets de bison de poivre long et de sel. Dans une poêle, faire saisir à feu vif dans l'huile végétale jusqu'au degré de cuisson désiré (idéalement saignant ou rosé). Retirer de la poêle et laisser reposer pendant 5 minutes, recouvert de papier d'aluminium.

SAUCE

Hacher l'échalote. Dans une poêle, la faire revenir à feu moyen-doux dans un peu d'huile avec les feuilles de thym, sans coloration. Augmenter le feu, déglacer avec le vin blanc et laisser réduire aux trois quarts. Baisser le feu de nouveau et ajouter la crème et le fromage. Faire mijoter quelques minutes, puis monter en ajoutant le beurre froid progressivement, en fouettant. Vérifier l'assaisonnement. Réserver au chaud.

GARNITURE (CHOUX DE BRUXELLES)

Effeuiller les choux de Bruxelles et conserver uniquement les feuilles extérieures. Blanchir rapidement dans de l'eau bouillante salée. Plonger dans un bain d'eau glacée pour arrêter la cuisson et fixer la couleur. Égoutter et éponger avec des essuie-tout, puis faire revenir dans l'huile de noisette à feu moyen pendant 3 minutes environ.

DRESSAGE

Sur des assiettes chaudes, déposer les filets de bison réchauffés et garnir avec les rosaces de pommes de terre et les copeaux de choux de Bruxelles. Servir avec la sauce au bleu et agrémenter d'un trait de réduction de cassis, de quelques baies de cassis et de noisettes concassées.

À savoir

Cette sauce accompagnera aussi parfaitement le filet de bœuf ou de porc. Vous pouvez utiliser le fromage bleu de votre choix, comme le roquefort.

•

Bernard Monna et ses filles Anne et Catherine élaborent à Saint-Pierre de l'île d'Orléans de délicieux produits à base de cassis (sirop, crème, alcools madérisés), dont plusieurs ont reçu des distinctions prestigieuses ici et à l'étranger.

LÉGUMES D'ACCOMPAGNEMENT

POUR 4 ROSACES

ROSACES DE POMMES DE TERRE

- **2 pommes de terre**
- **45 ml (3 c. à tab) de beurre**
- **Sel et poivre, au goût**

ROSACES DE POMMES DE TERRE

Éplucher les pommes de terre, puis leur donner la forme régulière d'un cylindre à l'aide d'un emporte-pièce. Les couper finement avec une mandoline chinoise. Ne pas laver. Réaliser des petites rosaces, puis les cuire avec le beurre dans des moules individuels munis d'un revêtement antiadhésif. Assaisonner en fin de cuisson.

À savoir

Cette rosace peut être parfumée avec du thym ou du romarin. Accompagne la recette « Œufs de cane mollets et croustillant au caviar de l'Abitibi, blinis, saumon fumé » (page 74) ainsi que la recette « Saisie de bison au poivre long, crème au bleu de brebis et noisettes » (page 106).

Elle est parfaite autant avec les poissons que les viandes, les gibiers ou les volailles

POUR 10 PERSONNES

PURÉE DE CÉLERI-RAVE AUX POMMES

- **1 kg (2,2 lb) de céleri-rave**
- **500 g (1 lb) de pommes**
- **500 ml (2 t) d'eau**
- **500 ml (2 t) de lait 3,25 %**
- **45 ml (3 c. à tab) de beurre**
- **Sel, poivre et muscade, au goût**

PURÉE DE CÉLERI-RAVE AUX POMMES

Éplucher le céleri-rave et les pommes. Couper le céleri-rave en petits morceaux afin de faciliter la cuisson, le mettre dans une casserole et ajouter l'eau. Démarrer la cuisson et ajouter le lait et un peu de sel. Cuire pendant 10 minutes. Ajouter les pommes coupées en quartiers et poursuivre la cuisson jusqu'à tendreté.

Égoutter en prenant soin de conserver le jus de cuisson, puis passer au chinois étamine. Mixer au Thermomix ou au robot et ajuster la consistance avec le jus de cuisson, au besoin. Ajouter le beurre et la muscade râpée et rectifier l'assaisonnement.

À savoir

C'est une garniture idéale pour les gibiers, mais qui accompagne aussi très bien le poisson.

Vous pouvez remplacer les pommes par des poires et la muscade par de la cannelle.

Le fait de cuire le céleri-rave dans le lait adoucit son goût âcre et permet de préserver sa jolie couleur crème.

Vous pouvez également ajouter 500 g (1 lb) de pommes de terre afin d'obtenir une purée plus consistante.

POUR 10 À 12 PERSONNES

GNOCCHIS DE COURGE MUSQUÉE AU PARMESAN

- **1,5 kg (3 lb environ) de pommes de terre**
- **500 g (1 lb environ) de courge musquée**
- **250 g (8 oz) de farine tout usage**
- **1 œuf**
- **150 g (4 oz) de parmesan reggiano**
- **Sel, poivre et muscade, au goût**

GNOCCHIS DE COURGE MUSQUÉE AU PARMESAN

Éplucher et couper en gros cubes réguliers les pommes de terre et la courge musquée. Cuire à l'eau bouillante salée. Égoutter, sécher au four pendant 10 minutes à 180°C (350°F) et passer au tamis. Ajouter la farine tamisée en pluie en mélangeant avec une spatule de bois, puis l'œuf et le parmesan râpé. Assaisonner. On doit obtenir une pâte épaisse.

Rouler en forme de boudin, puis dans un peu de farine. Couper ensuite ce boudin en biseau. Réserver au congélateur jusqu'au moment de « snacker », c'est-à-dire réchauffer à feu très vif dans une poêle antiadhésive. On dit aussi « cuire à la plancha ».

À savoir

Ces gnocchis accompagnent la recette des « Noix de ris de veau aux langoustines rôties, bette à carde cuisinée et morilles » (page 92). Ils sont un complément parfait de tous les gibiers.

POUR 10 PERSONNES

RAGOÛT DE POMMES DE TERRE BLEUES AU POIREAU ET À LA CRÈME

- **500 g (1 lb) de pommes de terre à chair ferme**
- **500 g (1 lb) de pommes de terre bleues**
- **250 g (8 oz) de patates douces**
- **125 g (4 oz) de blanc de poireau**
- **30 ml (2 c. à tab) de beurre**
- **Sel et poivre du moulin, au goût**
- **500 ml (2 t) de bouillon de volaille (voir recette en page 238)**
- **250 ml (1 t) de crème 35 %**
- **1 branche de romarin**
- **2 gousses d'ail**
- **30 ml (2 c. à tab) de parmesan reggiano**
- **10 ml (2 c. à thé) de persil plat haché**

RAGOÛT DE POMMES DE TERRE BLEUES AU POIREAU ET À LA CRÈME

Éplucher les pommes de terre et les patates et les couper en dés de même grosseur. Laver et émincer le poireau et faire revenir au beurre dans une grande poêle. Assaisonner et poursuivre la cuisson doucement, sans coloration.

Entre-temps, amener le bouillon de volaille et la crème à ébullition, avec le romarin et l'ail. Assaisonner et y cuire les pommes de terre blanches. Retirer du bouillon et ajouter au poireau. Dans le même bouillon de cuisson crémé, faire cuire les pommes de terre bleues, puis égoutter et ajouter au ragoût de poireau et de pommes de terre blanches. Pour finir, cuire les patates douces dans le même bouillon. Mélanger ensuite le tout avec le bouillon de cuisson restant. Retirer les gousses d'ail et le romarin, lier au parmesan, saler et poivrer et parsemer de persil haché. Servir avec les viandes et les poissons.

À savoir

Les pommes de terre blanches et bleues et les patates douces doivent être cuites juste à point pour pouvoir conserver une belle tenue au mélange.

Louis Aubert
Maison Gourmet

À Québec, tous les chefs font affaire avec Louis Aubert et son équipe pour s'approvisionner en produits fins de qualité. Maison Gourmet a aussi une succursale dans la métropole. Lui-même chef cuisinier passionné à l'écoute des besoins de ses clients, Louis parcourt le monde à la recherche d'ingrédients destinés à la restauration haut de gamme et aux épiceries gourmet. Il offre aussi des séminaires de cuisine pour enseigner aux professionnels comment tirer le meilleur parti d'ingrédients nouveaux et inusités. Caviar, huiles, cèpes, chanterelles ou bolets séchés, câpres surfines, épices, escargots français, riz rouge de Camargue, truffes, noix, excellents chocolats et ingrédients spécialisés pour pâtissiers sont quelques-uns des produits dont Jean-Luc Boulay s'approvisionne régulièrement auprès de son ami Louis.

POUR 6 PERSONNES

FLAGEOLETS AU LARD ET À LA TOMATE

- **500 g (1 lb) de flageolets frais ou secs**
- **1 oignon moyen**
- **45 ml (3 c. à tab) de beurre**
- **50 g (1 1/2 oz) de bacon**
- **2 gousses d'ail**
- **100 g (3 oz) de concassé de tomate (voir recette en page 239)**
- **1 branche de thym**
- **1 branche de sarriette**
- **1 bouquet de persil plat**
- **Sel, poivre et piment d'Espelette, au goût**

FLAGEOLETS AU LARD ET À LA TOMATE

Faire tremper les flageolets dans l'eau froide pendant 12 heures si vous utilisez des flageolets secs. Cuire dans l'eau ou dans du bouillon et saler à mi-cuisson afin qu'ils ne durcissent pas. Émincer l'oignon. Dans une poêle, faire revenir avec le beurre et le bacon taillé en dés. On peut aussi utiliser du gras de canard ou de jambon cru.

Quand le bacon est bien rissolé, ajouter l'ail haché, le concassé de tomate, les haricots cuits, le thym, la sarriette et un peu d'eau de cuisson des flageolets. Laisser mijoter pendant 5 minutes afin que les saveurs infusent. Assaisonner de persil haché, de poivre du moulin et de piment d'Espelette. Enlever les brindilles de thym et de sarriette.

À savoir

Cette recette qui accompagne parfaitement l'agneau grillé, le porc et les saucisses peut se faire avec tous les types de haricots : tarbais, coco, etc. Vous pouvez aussi utiliser des haricots en conserve. Les haricots aiment beaucoup se nourrir de gras pendant la cuisson.

POUR 500 ML (2 TASSES) ENVIRON

DUXELLES DE CHAMPIGNONS

- **500 g (1 lb) de champignons de Paris (ou de champignons variés), frais**
- **45 ml (3 c. à tab) d'échalote grise**
- **45 ml (3 c. à tab) de beurre**
- **Le jus de 1 citron**
- **25 ml (5 c. à thé) de persil plat haché**
- **Sel et poivre du moulin, au goût**

DUXELLES DE CHAMPIGNONS

Laver rapidement les champignons, au besoin, ou les frotter avec des essuie-tout, puis les émincer. Éplucher et émincer l'échalote grise et faire revenir au beurre pendant quelques minutes. Ajouter les champignons et cuire jusqu'à évaporation complète de l'eau de végétation. Ajouter le jus de citron et le persil plat, assaisonner et passer au robot afin d'obtenir une duxelles. Ne pas hacher trop finement. On doit sentir la texture des champignons.

Refroidir et réserver au réfrigérateur.

À savoir

On peut ajouter à cette préparation de base un peu de crème et utiliser la duxelles dans les mises en bouche, les plats de pâtes ou de poisson, comme farce, etc.

POUR 24 DEMI-TOMATES

TOMATES FARCIES EN CROÛTE D'HERBES AU PARMESAN

- 12 tomates de jardin bien mûres
- Fleur de sel, poivre du moulin, au goût

CROÛTE AU PARMESAN

- 100 g (3 oz) de beurre salé
- 100 g (3 oz) de chapelure de pain
- 50 g (1 1/2 oz) de parmesan
- 20 ml (4 c. à thé) d'huile d'olive extra-vierge
- 20 ml (4 c. à thé) de persil plat haché
- 10 ml (2 c. à thé) d'estragon frais haché
- 45 ml (3 c. à tab) de pesto du commerce
- Poivre et piment d'Espelette, au goût

TOMATES FARCIES EN CROÛTE D'HERBES AU PARMESAN

Mélanger tous les ingrédients de la croûte au parmesan au robot afin d'obtenir une pâte. À l'aide d'un rouleau à pâte, étaler finement entre 2 feuilles de papier parchemin. Réserver au réfrigérateur ou congeler. Tailler ensuite de la forme désirée à l'aide d'un emporte-pièce ou d'un couteau.

Couper chaque tomate en deux, saler et poivrer, puis recouvrir de la croûte d'herbes au parmesan. Gratiner au four à 180°C (350°F) ou sur le barbecue.

À savoir

Cette croûte qui se conserve très bien au congélateur peut aussi recouvrir un carré d'agneau, un poisson ou farcir des coquillages.

POUR 8 FONDANTS ENVIRON

FONDANTS CHAUDS À LA MOELLE DE BROCOLI AUX AMANDES

- **500 g (1 lb) de tiges de brocoli**
- **100 ml (7 c. à tab) de lait d'amande**
- **3 g (peser) d'agar-agar (gélatine qui prend à la chaleur)**
- **50 g (1 1/2 oz) d'amandes effilées**
- **50 g (1 1/2 oz) de semoule de brocoli**
- **Sel, poivre et piment d'Espelette, au goût**

FONDANTS CHAUDS À LA MOELLE DE BROCOLI AUX AMANDES

Éplucher et cuire les tiges de brocoli dans l'eau bouillante salée pendant 20 minutes.

Mixer aussitôt au Thermomix ou au mélangeur jusqu'à l'obtention d'une fine purée. Passer au tamis. Faire bouillir le lait d'amande et ajouter en pluie la poudre d'agar-agar. Redonner une petite ébullition et ajouter la purée de brocoli. Assaisonner de sel, poivre et piment d'Espelette et verser dans des moules individuels.

Réserver au réfrigérateur et réchauffer au besoin à la vapeur plutôt qu'au four (pour préserver la capacité gélifiante de l'agar-agar). La température des fondants doit être à 65°C (149°F). Servir avec des amandes effilées et de la semoule de brocoli (qu'on obtient en grattant avec un petit couteau le dessus des bouquets de brocoli crus).

À savoir

Vous pouvez aussi remplacer le lait d'amande par du lait régulier.

POUR 10 PERSONNES

CAVIAR D'AUBERGINE

- **2 gousses d'ail**
- **2 aubergines moyennes**
- **Piments chili en flocons ou tabasco, au goût**
- **Sel et poivre, au goût**
- **45 ml (3 c. à tab) d'huile d'olive**

CAVIAR D'AUBERGINE

Trancher l'ail en fines lamelles. Couper les aubergines en deux sur la longueur et les piquer avec les lamelles d'ail. Assaisonner, arroser d'huile d'olive et cuire au four à 180°C (350°F) pendant 45 minutes.

Au terme de la cuisson, retirer la chair des aubergines avec une cuillère et mélanger au robot avec l'huile d'olive, puis vérifier l'assaisonnent et servir.

À savoir

Peut se servir en entrée froide, en farce pour légumes ou en canapés.

•

Délicieux comme garniture chaude, avec du poisson ou de l'agneau.

•

Accompagne parfaitement le pavé d'espadon mi-cuit.

POUR 4 PERSONNES
POÊLÉE DE CHANTERELLES AUX GOURGANES ET À LA SARRIETTE D'ÉTÉ

- **200 g (6 oz) de gourganes fraîches**
- **320 g (10 oz) de chanterelles fraîches**
- **100 ml (7 c. à tab) de gras de canard ou de beurre**
- **45 ml (3 c. à tab) d'oignon rouge haché**
- **1 branche de sarriette d'été**
- **Sel et poivre du moulin, au goût**

POÊLÉE DE CHANTERELLES AUX GOURGANES ET À LA SARRIETTE D'ÉTÉ

Écosser les gourganes et les plonger dans une casserole d'eau bouillante salée. Les retirer à la reprise de l'ébullition, égoutter et enlever la peau. Réserver.

Nettoyer les chanterelles. Dans une poêle, faire fondre le gras et y sauter les chanterelles à feu vif. Ajouter l'oignon rouge et poursuivre la cuisson pendant 5 minutes. Ajouter les gourganes et les feuilles de sarriette ciselées et poursuivre la cuisson quelques minutes. Assaisonner en fin de cuisson, goûter et servir.

À savoir

Voilà une belle garniture saisonnière à servir avec viandes, poissons, gibiers ou foie gras poêlé dès que se pointent les chanterelles, les gourganes et la sarriette d'été.

POUR 8 PERSONNES

TAGLIATELLES DE LÉGUMES AUX FEUILLES DE CÉLERI

- **1 grosse carotte rouge**
- **1 grosse carotte jaune**
- **1 courgette jaune**
- **1 courgette verte**
- **1 navet**
- **1 céleri-rave**
- **1 chou-rave**
- **1 poireau**
- **1 patate douce**
- **15 ml (1 c. à tab) de beurre**
- **Sel de céleri et poivre du moulin, au goût**
- **10 ml (2 c. à thé) de feuilles jaunes de céleri-branche**

TAGLIATELLES DE LÉGUMES AUX FEUILLES DE CÉLERI

Éplucher et tailler tous les légumes à la mandoline en tranches fines, puis les couper sur la longueur, comme des tagliatelles.

Cuire dans de l'eau bouillante salée jusqu'à tendreté, tout en gardant les légumes légèrement al dente.

Égoutter et assaisonner de beurre, de sel de céleri et de poivre.

Parsemer de feuilles de céleri ciselées. Servir aussitôt.

POUR 6 À 8 PERSONNES

RUTABAGA CUISINÉ COMME UNE CHOUCROUTE

- **1 kg (2,2 lb) de julienne de rutabaga (pas trop fine)**
- **20 ml (4 c. à thé) de sel**
- **6 baies de genièvre**

POUR LA CUISSON

- **45 ml (3 c. à tab) de graisse d'oie ou de canard**
- **1 oignon**
- **1 pomme**
- **1 feuille de laurier**
- **1 gousse d'ail**
- **250 ml (1 t) de vin blanc**
- **Poivre du moulin, au goût**

RUTABAGA CUISINÉ COMME UNE CHOUCROUTE

RECETTE DE JACQUES BOULAY

Mélanger la julienne de rutabaga, le sel et les baies. Mettre dans un bocal fermant hermétiquement. Conserver 1 mois dans un endroit frais et sombre.

Laver le rutabaga dans deux eaux et égoutter. Cuire le lard à l'eau froide pendant 45 minutes. Émincer l'oignon et la pomme, suer dans une poêle avec la graisse et le laurier. Ajouter le rutabaga, puis l'ail écrasé et mouiller avec le vin blanc et l'eau de cuisson du lard. Couvrir et mijoter au four à 160°C (325°F) pendant 1h30. Poivrer légèrement. Au bout de 1 heure de cuisson, ajouter le lard salé coupé en petits bâtonnets. Le rutabaga doit demeurer légèrement croquant.

À savoir

Le chef et professeur émérite Jacques Boulay est un spécialiste de la cuisine française qui fut le maître de Roland-Alain Blanchet, mon sous-chef et chef pâtissier pendant 18 ans. Avec sa vaste culture gastronomique et sa rigueur, chef Boulay (qui est un lointain cousin) a été une grande inspiration pour moi et il a eu une influence marquante sur ma cuisine.

POULET

LES DESSERTS

Selon le chef pâtissier Éric Lessard, s'il y a un endroit où le sens de la collégialité propre au Saint-Amour se fait sentir, c'est bien dans le labo du pâtissier. Un exemple ? Jean-Luc revient de New York avec un moule à pâtisserie inusité et goûte, quelques jours plus tard, la faisselle du fromager Rudy Ducreux. Il demande alors à son équipe de réfléchir à un concept de dessert intégrant ces deux éléments. Éric (qui travaille à ses côtés depuis 2004) a l'idée du lingot, avec sa garniture fruitée ; Sébastien Laframboise (assistant pâtissier et cuisinier) propose d'y ajouter un fond de tartelette. Les pâtissiers font cinq versions, qu'ils goûtent avec Jean-Luc, puis on adopte la meilleure, avant d'apporter les derniers correctifs et de standardiser. C'est comme cela que les desserts complexes et multiformes du Saint-Amour naissent : dans un esprit de recherche, d'entraide et d'émulation constant. Mais au bout du compte, la pâtisserie du Saint-Amour, comme sa cuisine, repose sur le produit, qui reste la base de l'inspiration du trio de pâtissiers, complété par Marc-André Ouimet, sacré trois années de suite meilleur apprenti du Québec ; que ce soit pour concocter une sauce aux bleuets biologiques du Lac-Saint-Jean, une crème glacée à base de sirop de merisier qu'un producteur a fait goûter à Jean-Luc ou intégrer des pépites d'érable de la Beauce à une garniture.

Chocolats pralinés pétillants, confit de framboises, écume de fraise au mousseux de l'Orpailleur

Lingots aux fraises et à la rhubarbe à la faisselle de la fromagerie Ducrêt, glace au sirop de merisier

Chocolats pralinés pétillants, confit de framboises, écume de fraise au mousseux de l'Orpailleur

POUR 8 PERSONNES

ESPUMA AU MOUSSEUX DE L'ORPAILLEUR
- 250 g de fraises en purée
- 100 g de sucre
- 2 g de gélatine
- 250 ml de vin mousseux de l'Orpailleur
- 5 g de gomme xanthane
- 125 ml d'eau froide
- 250 g de fraises (pour garnir)

TUBES AU CONFIT DE FRAMBOISES
- 105 g de purée de framboises
- 105 g de framboises congelées
- 20 ml de jus de yuzu
- 30 g de glucose
- 40 g de sucre
- 7 g de pectine
- 5 g de gélatine
- 125 ml d'eau froide
- 8 petits cylindres à pâtisserie (tubes)

PANNA COTTA À LA VANILLE
- 100 ml de lait 3,25 %
- 50 g de sucre
- 1 gousse de vanille
- 6 g de gélatine
- 125 ml d'eau froide
- 400 ml de crème 35 %

BISCUIT AU CACAO ET AUX AMANDES
- 140 g de sucre
- 200 g de poudre d'amande
- 40 g de cacao
- 60 g de blanc d'œuf
- 100 g de beurre non salé, fondu
- 97 g de blanc d'œuf
- 50 g de sucre

BASE DE PRALINÉ PÉTILLANTE
- 65 g de chocolat au lait
- 125 g de praliné (dans les pâtisseries françaises)
- 8 g de sucre pétillant (dans les pâtisseries françaises)
- 80 g de pailleté feuillantine (dans les pâtisseries françaises)

BAVAROISE AU CHOCOLAT
- 190 ml de lait 3,25 %
- 375 ml de crème 35 % montée molette
- 75 g de sucre
- 75 g de jaune d'œuf
- 8 g de gélatine
- 375 g de chocolat noir 60 %

(Important : les mesures sont données uniquement en format métrique. Pour plus de précision, peser tous les ingredients.)

Accord vin

L'Orpailleur brut de brut, méthode traditionnelle

Code SAQ : 10381661 – 21,95 $

ESPUMA AU MOUSSEUX DE L'ORPAILLEUR

Dans une casserole, porter à ébullition la moitié des fraises avec le sucre. Lorsque le liquide est chaud, mélanger avec la gélatine préalablement gonflée dans l'eau froide. À l'aide d'un mélangeur sur pied, mixer la préparation avec le reste des ingrédients. Passer ensuite au chinois étamine et verser dans un siphon à crème chantilly. Charger avec une charge de CO_2 et une de N_2O (disponibles dans les magasins d'articles de cuisine, avec le siphon à chantilly). Réserver au réfrigérateur.

TUBES AU CONFIT DE FRAMBOISES

Dans une casserole, porter à ébullition la purée de framboises, les framboises congelées, le jus de yuzu et le glucose. Faire un mélange de sucre et de pectine et verser en pluie sur le liquide qui bout, en fouettant constamment, puis porter de nouveau à ébullition. Hors du feu, ajouter la gélatine préalablement gonflée dans l'eau froide. Obturer la partie inférieure des tubes avec de la pellicule de plastique et couler le liquide chaud dans les tubes jusqu'au rebord. Réserver au congélateur.

PANNA COTTA À LA VANILLE

Dans une casserole, porter à ébullition le lait et le sucre avec la vanille. Retirer du feu et ajouter la gélatine préalablement gonflée dans l'eau froide. Bien mélanger pour dissoudre et incorporer la crème très froide. Retirer la vanille et disposer des verrines vides en oblique en utilisant un carton d'œufs, puis couler l'appareil dans les verrines. Bloquer le tout au réfrigérateur et laisser prendre.

BISCUIT AU CACAO ET AUX AMANDES

Dans le bol du malaxeur, ajouter le sucre, la poudre d'amande tamisée et le cacao. Mélanger à basse vitesse et détendre avec 60 g de blanc d'œuf. Terminer avec le beurre fondu en filet et réserver, une fois le mélange bien émulsionné. Dans un autre bol, monter les 97 g de blanc d'œuf en neige au malaxeur jusqu'à la formation de pics mous. Verser ensuite le sucre et continuer de battre jusqu'à la formation de pics fermes. Plier le premier appareil dans la meringue et étaler dans un petit cadre monté sur une plaque à pâtisserie munie de papier parchemin. Cuire à 165°C (325°F) de 10 à 12 minutes. Réserver à température ambiante.

BASE DE PRALINÉ PÉTILLANTE

Dans un cul-de-poule non métallique, fondre le chocolat au lait au four à micro-ondes. Ajouter le praliné, le sucre pétillant et le pailleté feuillantine. Plier l'appareil jusqu'à ce qu'il soit homogène et étaler dans le fond d'un petit cadre monté sur une plaque à pâtisserie munie d'un papier parchemin. Réserver au réfrigérateur.

BAVAROISE AU CHOCOLAT

Porter le lait et la crème à ébullition avec la moitié du sucre et mélanger l'autre moitié avec les jaunes d'œufs à l'aide d'un fouet. Ajouter un peu de lait chaud sur les jaunes d'œufs pour les réchauffer, puis mélanger au fouet et remettre le tout dans la casserole. Chauffer en fouettant jusqu'à ce que la préparation atteigne 85°C. Incorporer ensuite la gélatine préalablement réhydratée dans l'eau froide et verser l'appareil sur le chocolat. Attendre 1 à 2 minutes avant de mélanger pour que le chocolat fonde et ait une texture homogène. Une fois que le mélange a atteint une température de 33°C, plier dans la crème molette.

MONTAGE DE LA BASE PÉTILLANTE

Dans un petit cadre de métal, étaler le fond de praliné pétillant et faire prendre au réfrigérateur. Couler ensuite dessus la moitié de la recette de bavaroise au chocolat, puis congeler. Déposer le biscuit au cacao et aux amandes, suivi du reste de la bavaroise. Lisser le cadre et congeler de nouveau. Une fois congelé, tailler en 8 rectangles de 3 cm x 6 cm et recongeler en laissant des espaces de 5 à 6 cm entre chaque entremets. Fondre une petite quantité de chocolat noir au bain-marie avec du beurre de cacao (disponible dans les pâtisseries). Une fois fondu, sortir les entremets du congélateur et verser le chocolat fondu dessus en lissant pour obtenir un fini velours. Réserver au frigo.

Démouler les tubes de confit de framboises sous l'eau chaude quand ils sont encore gelés. Tailler les tubes de la même longueur que les entremets avec un couteau trempé dans l'eau chaude et les disposer par-dessus.

MONTAGE FINAL

Tailler les fraises en brunoise et disposer dans le fond de 8 verrines. Garnir d'espuma au mousseux de l'Orpailleur et de menthe ciselée. Disposer sur 8 assiettes et ajouter sur chacune le chocolat pétillant au confit de framboises.

Lingots aux fraises et à la rhubarbe à la faisselle de la Fromagerie Ducrêt, glace au sirop de merisier

POUR 8 PERSONNES

CONFITURE AUX FRAISES ET À LA RHUBARBE
- 175 g de rhubarbe
- 250 g de fraises du Québec
- 200 g de sucre
- 1 gousse de vanille

MIRLITON
- 75 g de sucre
- 25 g de beurre pommade non salé
- 3 œufs
- 125 g de poudre d'amande
- 10 g de farine tout usage

CRÈME AU CITRON
- 75 ml de jus de citron
- Le zeste de 1 citron
- 150 g de sucre
- 150 g d'œuf
- 100 g de beurre non salé froid, en dés

PÂTE SUCRÉE
- 125 g de farine tout usage
- 45 g de sucre à glacer
- 75 g de beurre non salé froid, en dés
- 35 g d'œuf

PÂTE SUCRÉE AU CACAO
- 105 g de farine tout usage
- 20 g de poudre de cacao
- 75 g de beurre non salé froid, en dés
- 35 g d'œuf

GLACE AU SIROP DE MERISIER
- 500 ml de lait 3,25 %
- 125 ml de sirop de merisier
- 125 g de jaune d'œuf

MOUSSE À LA FAISSELLE DE LA FROMAGERIE DUCRÊT
- 250 ml de crème 35 %
- 15 ml d'eau froide
- 75 g de sucre
- 50 g de jaune d'œuf
- 125 g de faisselle (fromage frais) de la Fromagerie Ducrêt
- 6 g de gélatine
- 125 ml d'eau froide

(Important : les mesures sont données uniquement en format métrique. Pour plus de précision, peser tous les ingredients.)

Accord vin

Finca antigua, Moscatel, 2008, Martinez Bujanda, 375 ml
Code SAQ : 11414604 – 16,80 $

CONFITURE AUX FRAISES ET À LA RHUBARBE

Nettoyer et éplucher la rhubarbe; laver et équeuter les fraises. Tailler la rhubarbe en petits morceaux de 3 à 4 cm et ajouter les fraises, le sucre et la gousse de vanille. Réserver le tout au frigo pendant 24 heures. Dans une casserole, porter le mélange à ébullition, puis baisser le feu et laisser frémir de 1h30 à 2 heures. Retirer la gousse de vanille. Disposer dans un contenant de plastique recouvert de pellicule de plastique et réserver au réfrigérateur.

MIRLITON

Dans un cul-de-poule, mélanger le sucre et le beurre pommade. Détendre l'appareil avec les œufs, un à un. Ajouter la poudre d'amande et la farine. Réserver au réfrigérateur.

CRÈME AU CITRON

Dans une casserole, chauffer le jus de citron avec le zeste et le sucre. Porter à ébullition et détendre les œufs préalablement fouettés en y incorporant petit à petit le liquide chaud. Remettre l'appareil sur le feu en fouettant constamment. Quand le liquide bout, retirer du feu et monter graduellement au fouet avec le beurre froid. Couler dans un moule flexible de silicone en forme de demi-tube et réserver au congélateur.

PÂTE SUCRÉE

Dans le bol du malaxeur, mélanger la farine, le sucre à glacer et le beurre froid, en petits cubes. Lorsque la pâte est bien sablée, ajouter les œufs. Aussitôt que la pâte est homogène, réserver au réfrigérateur dans de la pellicule de plastique.

PÂTE SUCRÉE AU CACAO

Procéder de la même manière pour la pâte sucrée ; ajouter la poudre de cacao en même temps que le sucre à glacer et la farine.

GLACE AU SIROP DE MERISIER

Dans une casserole, porter le lait à ébullition avec la moitié du sirop. Fouetter le reste du sirop avec les jaunes d'œufs et verser un peu de lait chaud sur cet appareil pour réchauffer les jaunes d'oeufs. Remettre dans la casserole et cuire à feu moyen en remuant constamment jusqu'à ce que le mélange atteigne la température de 85°C. Refroidir rapidement et passer à la sorbetière. Réserver ensuite au congélateur.

MOUSSE À LA FAISSELLE DE LA FROMAGERIE DUCRÊT

Au malaxeur, fouetter la crème jusqu'à ce qu'elle soit mollette, puis réserver au réfrigérateur. Dans une petite casserole, porter à ébullition l'eau et le sucre. Mettre les jaunes d'œufs dans le bol du malaxeur et verser le liquide bouillant dessus en fouettant à grande vitesse jusqu'à ce que l'appareil soit refroidi. Au bain-marie, chauffer la faisselle avec la gélatine préalablement gonflée pendant 5 minutes dans l'eau froide. Fouetter jusqu'à ce que le fromage soit lisse et que la gélatine soit fondue.

Dans un grand cul de poule, plier la crème molette avec la moitié du fromage gélatiné. Plier le reste du fromage avec les jaunes d'œufs et terminer l'opération en mélangeant les 2 appareils. Couler à la moitié de la hauteur de moules individuels en forme de lingots et congeler. Lorsque l'appareil est congelé, ajouter les demi-tubes congelés de crème au citron et terminer le remplissage avec le reste de la mousse au fromage. Congeler, puis démouler les lingots. Réserver au congélateur.

MONTAGE ET CUISSON DES TARTELETTES

Au rouleau à pâte, abaisser la pâte sucrée froide en deux morceaux de 4 mm chacun. À l'aide d'un pinceau, brosser avec de l'eau froide et superposer les deux pâtes. Couper 10 rectangles de la même taille et de la même forme que les lingots, puis les superposer les uns sur les autres de manière à obtenir des blocs de 6 étages de hauteur (3 de pâte blanche et 3 de pâte au chocolat). Utiliser les parures et abaisser à 2 mm pour faire les fonds des tartelettes. Une fois les tartelettes montées, déposer une fine couche de confiture au fond de chacune et terminer avec l'appareil mirliton jusqu'à mi-hauteur. Cuire au four à 165°C (325°F) pendant environ 14 minutes ou jusqu'à ce que la pâte soit bien dorée. Refroidir à la sortie du four et égaliser les tartelettes.

DRESSAGE

Déposer les lingots congelés sur les tartelettes et laisser décongeler 2 heures au réfrigérateur avant de servir avec une quenelle de glace au sirop de merisier.

Éclairs double crème au chocolat et aux framboises fraîches

POUR 8 PERSONNES

MOELLEUSE AU CHOCOLAT MICHEL CLUIZEL
- **120 ml de lait 3,25 %**
- **120 ml de crème 35 %**
- **43 g de sucre**
- **40 g de jaune d'œuf**
- **200 g de chocolat Michel Cluizel Los Ancones 67 %**

CRAQUELINS
- **40 g de beurre non salé pommade**
- **45 g de cassonade**
- **45 g de farine tout usage**

PÂTE À CHOUX
- **125 ml d'eau**
- **3 g de sel**
- **5 g de sucre**
- **50 g de beurre non salé**
- **100 g de farine tout usage**
- **3 oeufs**

CRÈME CHANTILLY
- **1 gousse de vanille**
- **250 ml de crème 35 %**
- **75 g de sucre**

MONTAGE
- **3 casseaux de framboises**

(Important : les mesures sont données uniquement en format métrique. Pour plus de précision, peser tous les ingredients.)

Accord vin

Champagne Delamotte, Brut

Code SAQ : 10839660 – 45 $

MOELLEUSE AU CHOCOLAT MICHEL CLUIZEL

Porter le lait et la crème à ébullition avec la moitié du sucre et mélanger l'autre moitié avec les jaunes d'œufs à l'aide d'un fouet. Ajouter un peu de lait chaud sur les jaunes d'œufs, mélanger au fouet et remettre le tout dans la casserole. Chauffer en fouettant jusqu'à ce que la préparation atteigne une température de 85°C, puis verser la crème anglaise sur le chocolat. Attendre 1 à 2 minutes avant de mélanger pour que le chocolat fonde et obtenir une texture homogène. Réserver au réfrigérateur.

CRAQUELINS

Au malaxeur, mélanger les ingrédients dans l'ordre indiqué. Abaisser à 2 mm entre deux pellicules de plastique. Découper 8 rectangles de 11 cm X 1,5 cm et réserver au réfrigérateur.

PÂTE À CHOUX

Porter l'eau, le sel, le sucre et le beurre à ébullition. Ajouter la farine et brasser énergiquement à la cuillère de bois, de manière à dessécher la pâte. Ajouter les œufs un par un en continuant de brasser, pour obtenir une texture lisse. À l'aide d'une poche à pâtisserie munie d'une douille unie, dresser des éclairs de 10 cm de longueur sur une plaque à pâtisserie recouverte de papier parchemin. Poser un rectangle de craquelin froid sur chaque éclair. Cuire au four à 190°C (375°F) pendant environ 15 minutes, puis sécher à 150°C (300°F) de 10 à 15 minutes.

CRÈME CHANTILLY

Fendre la gousse de vanille en deux sur la longueur et gratter pour détacher les petits grains noirs. Dans un bol, mélanger la crème et la gousse de vanille fendue. Laisser macérer au réfrigérateur pendant 1 heure. Retirer la gousse de vanille et passer la crème au tamis pour enlever les petits grains noirs. Verser la crème dans le bol froid du malaxeur et la fouetter avec le sucre jusqu'à ce qu'elle forme des pics fermes. Réserver au réfrigérateur.

MONTAGE

À l'aide d'un couteau à lame dentelée, couper les éclairs en deux à l'horizontale. Farcir la base avec de la crème Chantilly. Disposer les framboises dessus et garnir d'un peu de crème Chantilly, puis garnir d'une fine plaquette de chocolat tempéré. À l'aide d'une poche munie d'une douille décorative, garnir de moelleuse au chocolat. Refermer l'éclair et terminer avec une deuxième plaquette de chocolat.

Pyramides glacées pralinées au cognac, avelines caramélisées et romias

POUR 8 PERSONNES

BISCUIT DACQUOISE
- **210 g de blanc d'œuf**
- **150 g de sucre**
- **8 g d'albumen en poudre**
- **44 g de farine tout usage**
- **127 g de poudre d'amande**
- **75 g de sucre**

PYRAMIDES GLACÉES
- **200 ml de crème 35 % très froide**
- **100 g de praliné**
- **100 ml de cognac**
- **80 ml de sirop d'érable**
- **50 g de jaune d'œuf**

SIROP AU COGNAC
- **50 ml de sirop d'érable**
- **50 ml de cognac**

ROMIAS (NOUGATINE CROQUANTE)
- **50 g de beurre non salé**
- **50 g de sucre**
- **50 g de glucose**
- **60 g d'amandes effilées**

AVELINES CARAMÉLISÉES
- **30 ml d'eau**
- **70 g de sucre**
- **200 g d'avelines (noisettes entières pelées)**
- **20 g de beurre non salé**

(Important : les mesures sont données uniquement en format métrique. Pour plus de précision, peser tous les ingredients.)

Accord vin

Navan, Liqueur de vanille de Madagascar
Code SAQ : 10512105 – 42,50 $

BISCUIT DACQUOISE

Dans le bol du malaxeur, fouetter les blancs d'œufs, 150 g de sucre et l'albumen en poudre jusqu'à ce que le mélange soit très ferme. Dans un autre bol, mélanger la farine, la poudre d'amande et 75 g de sucre. Plier les ingrédients secs dans le mélange de blancs d'œufs, puis étaler sur un tapis de silicone ou sur une plaque recouverte de papier parchemin. Cuire au four à 165°C (325°F) pendant 8 à 12 minutes ou jusqu'à ce que le biscuit dacquoise soit doré. Laisser refroidir complètement avant de couper en carrés dont la taille sera inférieure de 1 cm à celle de la base des moules à pyramide.

PYRAMIDES GLACÉES ET SIROP DE COGNAC

Dans le bol du malaxeur, fouetter la crème en pics fermes. Réserver au réfrigérateur. Dans un cul-de-poule, émulsionner au fouet le praliné avec le cognac. Réserver au réfrigérateur. Dans une casserole, chauffer le sirop d'érable, verser sur les jaunes d'œufs et fouetter à très grande vitesse jusqu'à refroidissement complet.

Diviser l'appareil de cognac/praliné en deux. En plier délicatement une moitié dans la crème fouettée et l'autre moitié dans le mélange sirop-œufs. Mélanger ensuite ces 2 préparations afin d'obtenir une mousse légère, qui est l'appareil à bombe glacée. Verser dans des moules en forme de pyramide et déposer un carré de biscuit dacquoise imbibé de sirop au cognac sur le dessus de chaque moule. Laisser prendre au congélateur au moins 4 heures.

ROMIAS (NOUGATINE CROQUANTE)

Entre-temps, dans une casserole, fondre le beurre, le sucre et le glucose à feu doux, puis ajouter les amandes effilées. Étaler sur un tapis de silicone ou sur une plaque recouverte de papier parchemin et caraméliser au four à 165°C (325°F). À la sortie du four, détailler avec un emporte-pièce des cercles de 6,5 cm de diamètre. Réserver à température ambiante.

AVELINES CARAMÉLISÉES

Dans une casserole, mélanger l'eau avec le sucre et porter à ébullition. Ajouter les avelines et cuire en remuant constamment jusqu'à ce qu'elles soient complètement caramélisées. Ajouter le beurre et mélanger. Déposer sur un tapis de silicone ou sur une plaque recouverte de papier parchemin en prenant soin de décoller les avelines caramélisées individuellement pour bien les répartir dans le caramel au beurre. Réserver à température de la pièce.

DRESSAGE

Démouler les pyramides à l'aide d'une torche ou en les plongeant pendant quelques secondes dans un bain d'eau chaude. Déposer un cercle de romias sur chaque pyramide. Décorer avec les avelines caramélisées.

Contrastes et textures de chocolat grand cru Valrhona

POUR 10 PERSONNES

LAIT AU CHOCOLAT ÉPICÉ

- **200 ml de lait 3,25 %**
- **50 g de chocolat Manjari 64 %**
- **60 g de chocolat Xocopili**

MI-CUIT

- **40 g de chocolat Manjari 64 %**
- **40 g de beurre doux**
- **70 g de cassonade**
- **1 œuf**
- **40 g de farine tout usage**
- **25 g de cacao en poudre**
- **40 ml de crème 35 %**

GLACE AU CHOCOLAT

- **250 ml de lait 3,25 %**
- **50 g de sucre**
- **60 g de jaune d'œuf**
- **65 g de chocolat Araguani 72 %**

BISCUIT AU CHOCOLAT

- **100 g de chocolat Manjari 64 %**
- **40 g de beurre non salé**
- **40 g de jaune d'œuf**
- **100 g de blanc d'œuf**
- **18 g de sucre**

(Important : les mesures sont données uniquement en format métrique. Pour plus de précision, peser tous les ingredients.)

LAIT AU CHOCOLAT ÉPICÉ

Porter le lait à ébullition et verser sur le chocolat. Laisser reposer 2 minutes et bien mixer au pied-mélangeur. Réserver au chaud.

MI-CUIT

Faire fondre le chocolat et le beurre au bain-marie. Ajouter la cassonade et bien mélanger, puis ajouter l'œuf en remuant jusqu'à parfaite homogénéité. Incorporer la farine tamisée avec le cacao et finir avec la crème, puis bien mélanger. Mouler dans de petits moules flexibles en silicone préalablement beurrés et cuire à 180°C (350°F) pendant environ 4 minutes. Il est important que les contours des gâteaux soient cuits, mais pas le cœur. Refroidir rapidement au congélateur, pour ensuite démouler et réserver au frigo.

GLACE AU CHOCOLAT

Porter le lait à ébullition avec la moitié du sucre. Mélanger le reste du sucre avec les jaunes d'œufs. Ajouter un peu de lait chaud sur les jaunes, mélanger au fouet et remettre le tout dans la casserole. Chauffer en fouettant constamment jusqu'à ce que la préparation atteigne une température de 85°C. Verser l'appareil sur le chocolat, laisser fondre quelques minutes et mixer à l'aide d'un pied mélangeur. Réserver dans un bol à sorbetière et laisser prendre au congélateur. Au moment de servir, actionner la sorbetière selon les instructions du fabricant afin d'obtenir une glace qui se tient bien.

BISCUIT AU CHOCOLAT

Fondre le chocolat au bain-marie et lisser avec le beurre. Ajouter les jaunes d'œufs en fouettant. Au malaxeur, monter les blancs d'œufs en neige avec le sucre. Plier délicatement dans l'appareil au chocolat afin d'obtenir une texture lisse. Mouler dans des moules souples à savarins en silicone et cuire au four à 180°C (350°F) pendant environ 6 minutes.

(suite pages 132-133)

POUR 10 PERSONNES

CRÈMES BRÛLÉES AU CHOCOLAT
- 125 ml de lait 3,25 %
- 125 ml de crème 35 %
- 30 g de sucre
- 50 g de jaune d'œuf
- 50 g de chocolat Manjari 64 %

MACARONS
- 60 g de blanc d'œuf
- 50 g de sucre
- 68 g de poudre d'amande
- 88 g de sucre à glacer

BROWNIES
- 50 g de chocolat Manjari 64 %
- 50 g de chocolat au lait
- 60 g de beurre
- 1 œuf
- 120 g de sucre
- 60 g de farine à pâtisserie
- 13 g de cacao en poudre

TUILES AU CHOCOLAT
- 105 g de sucre à glacer
- 34 g de farine tout usage
- 10 g de cacao en poudre
- 40 g de beurre
- 40 ml de jus d'orange

CRÉMEUX AU CHOCOLAT
- 42 ml de lait 3,25 %
- 42 ml de crème 35 %
- 72 g de chocolat Araguani 72 %

SABLÉS HOLLANDAIS
- 140 g de beurre salé pommade
- 50 g de sucre glace
- 170 g de farine à pâtisserie

(Important : les mesures sont données uniquement en format métrique. Pour plus de précision, peser tous les ingredients.)

Accord vin pour le plateau

Maury 2008, Mas Amiel 375 ml

Code SAQ : 733808 – 18,55 $

CRÈMES BRÛLÉES AU CHOCOLAT

Porter le lait et la crème à ébullition avec la moitié du sucre. Mélanger le reste du sucre avec les jaunes d'œufs. Ajouter un peu de lait chaud sur les jaunes, mélanger au fouet et remettre dans la casserole. Réchauffer légèrement l'appareil en fouettant et verser le tout sur le chocolat. Laisser fondre quelques minutes et mélanger afin d'obtenir une texture homogène. Verser l'appareil dans 10 petits ramequins et cuire au four au bain-marie à 125°C (260°F) pendant environ 20 minutes. Laisser refroidir et réserver au réfrigérateur.

MACARONS

Monter au fouet les blancs en neige avec le sucre. Incorporer la poudre d'amande avec le sucre à glacer tamisé en pliant à la maryse (spatule de caoutchouc). Mélanger jusqu'à la formation d'une pâte homogène. Macaroner (mélanger la poudre d'amande aux blancs d'œufs en neige). Sur une plaque munie d'un tapis de silicone ou de papier parchemin, dresser à la poche à douille des macarons de la grosseur d'une pièce de 25 cents en utilisant un embout lisse. Laisser croûter environ 30 minutes à la température de la pièce. Cuire à 180°C (350°F) pendant 7 minutes.

BROWNIES

Fondre le chocolat et le beurre au bain-marie. Monter l'œuf au fouet avec le sucre et incorporer délicatement au chocolat fondu. Finir avec la farine et le cacao tamisés en pliant à la maryse (spatule de caoutchouc). Cuire dans un petit cadre ou autre moule à 180°C (350°F) de 8 à 10 minutes.

TUILES AU CHOCOLAT

Dans un bol, tamiser le sucre à glacer, la farine et le cacao en poudre. Porter le beurre et le jus d'orange à ébullition et verser sur le mélange de sucre à glacer. Fouetter afin d'obtenir une texture lisse. Étaler finement la préparation sur un tapis de silicone et mettre sur une plaque à cuisson. Enfourner à 180°C (350°F) pendant environ 8 minutes.

CRÉMEUX AU CHOCOLAT

Porter le lait et la crème à ébullition. Fondre le chocolat au bain-marie et mélanger les deux appareils une fois qu'ils ont atteint la même température, autour de 45°C. Bien mixer au pied-mélangeur, puis couler dans 10 petits dômes flexibles en silicone. Réserver au congélateur, en prenant soin de garder le tiers de la préparation non moulé pour farcir les macarons.

SABLÉS HOLLANDAIS

Mélanger le beurre pommade avec le sucre à glacer. Ajouter la farine et fraiser la pâte modérément, c'est-à-dire pousser et écraser avec la paume de la main pour bien mélanger. À l'aide d'un rouleau à pâte, abaisser à environ 3 mm. À l'aide d'un emporte-pièce, détailler des cercles un peu plus grands que les dômes de crémeux Araguani. Cuire au four à 180°C (350°F) pendant environ 12 minutes.

MONTAGE

Dans 10 grandes assiettes de service, déposer la crème brûlée et la caraméliser à l'aide d'une torche prévue à cet usage. Placer à côté le biscuit au chocolat. Démouler le crémeux congelé et décorer avec une griotte. Déposer dans les assiettes. Piquer un morceau de tuile au chocolat dans le crémeux une fois que le dôme est décongelé. Farcir les macarons avec le reste de l'appareil à crémeux et les coller sur un cube de brownie. Mettre le mi-cuit à réchauffer à la vapeur 2 minutes. Verser le lait au chocolat dans une verrine avec une garniture de crème Chantilly ou une autre mousse à base de guimauve et disposer dans les assiettes. Déposer une quenelle de glace passée à la sorbetière sur le biscuit au chocolat. Servir.

Tatakis d'ananas chaud en croûte de noix, caramel épicé, sandwichs glacés à la noix de coco, transparence de baba au rhum et pulpe de fruits de la passion
(recette en page 136)

Soupe froide de fruits exotiques
liée au mascarpone, palais de chocolat
et sorbet à la goyave
(recette en page 138)

Tatakis d'ananas chaud en croûte de noix, caramel épicé, sandwichs glacés à la noix de coco, transparence de baba au rhum et pulpe de fruits de la passion

POUR 8 PERSONNES

ANANAS
- 1 ananas entier
- 30 g de beurre pommade
- 125 ml de rhum jamaïcain (pour flamber)
- Le zeste de 1 lime (pour garnir)
- 125 ml de pulpe de fruits de la passion (pour garnir)

CROÛTE DE NOIX
- 50 g de noisettes
- 50 g d'amandes
- 50 g de noix de Grenoble
- 50 g de noix de macadam

STRUDELS
- 50 g de beurre pommade non salé
- 50 g de sucre
- 50 g de poudre d'amande
- 50 g de farine tout usage

GLACE À LA NOIX DE COCO
- 500 ml de lait 3,25 %
- 250 ml de crème 35 %
- 100 g de sucre
- 100 g de jaune d'œuf
- 14 g de pâte de noix de coco

CARAMEL ÉPICÉ
- 40 ml d'eau
- 200 g de sucre
- 20 ml de vinaigre de vin rouge
- 1 anis étoilé
- 5 g de cinq-épices
- 2,5 g de cannelle
- 2,5 g de muscade
- 100 g de glucose

PÂTE À SAVARIN
- 5 g de levure sèche
- 120 ml d'eau tiède
- 150 g de farine tout usage
- 40 g d'œuf entier
- 3 g de sel
- 12 g de sucre
- 30 g de beurre doux

SIROP AU RHUM
- 150 g de sucre
- 200 ml d'eau
- 75 ml de rhum jamaïcain

CRÈME CHANTILLY
- 1 gousse de vanille
- 250 ml de crème 35 % très froide
- 75 g de sucre

(Important : les mesures sont données uniquement en format métrique. Pour plus de précision, peser tous les ingrédients.)

Accord vin

Gaillac 2000 Renaissance, Domaine Rotier

Code SAQ : 895490 – 26,15 $

ANANAS

Éplucher un ananas, le détailler à la verticale en 4 parties égales et retirer le cœur de chaque quartier. Tailler ensuite les pièces en forme de rectangles bien égaux et réserver.

CROÛTE DE NOIX

Torréfier les noix au four à 180°C (350°F) pendant une dizaine de minutes en remuant une fois. Laisser refroidir et concasser au robot en prenant soin de conserver des petits morceaux. Réserver à température ambiante.

STRUDELS

Dans un bol, mélanger le beurre pommade avec le sucre et la poudre d'amande jusqu'à l'obtention d'une pâte. Incorporer la farine et abaisser entre deux papiers parchemin à une épaisseur de 3 mm. Couper en 16 rectangles de 2,5 cm X 6 cm. Congeler, puis étaler sur un tapis de cuisson en silicone ou sur une plaque recouverte de papier parchemin et cuire au four à 180°C (350°F) de 10 à 12 minutes ou jusqu'à ce que les strudels soient bien dorés.

GLACE À LA NOIX DE COCO

Porter le lait et la crème à ébullition avec la moitié du sucre et mélanger l'autre moitié avec les jaunes d'œufs à l'aide d'un fouet. Verser un peu de lait chaud sur les jaunes d'œufs pour les réchauffer, mélanger au fouet et remettre le tout dans la casserole. Chauffer en fouettant jusqu'à ce que la préparation atteigne 85°C, puis refroidir rapidement la préparation en plongeant la casserole dans un bain de glace tout en brassant fréquemment. Ajouter la pâte de noix de coco et congeler dans un bol à sorbetière. Lorsque la crème est gelée, passer à la sorbetière.

Monter 8 sandwichs de crème glacée en étalant la crème entre les feuilles de strudel et réserver au congélateur.

CARAMEL ÉPICÉ

Dans une casserole, porter l'eau et le sucre à ébullition et cuire jusqu'à l'obtention d'un caramel blond. Retirer du feu et déglacer le caramel avec le vinaigre. Attention aux éclaboussures ! Remettre à bouillir et ajouter le mélange d'épices et le glucose. Quand le caramel est homogène, retirer du feu, enlever l'anis étoilé et réserver à température ambiante.

PÂTE À SAVARIN ET SIROP AU RHUM

Dans le bol d'un malaxeur, activer la levure sèche dans l'eau tiède pendant 5 minutes. Ajouter la farine et l'œuf et battre pendant 5 minutes à basse vitesse. Ajouter le sel et le sucre et continuer de battre 4 minutes de plus. Faire fondre le beurre et l'incorporer graduellement à l'appareil. Augmenter la vitesse et pétrir de 2 à 3 minutes.

Réserver le mélange dans un cul-de-poule fariné recouvert de pellicule de plastique et laisser lever dans un endroit chaud, à l'abri des courants d'air, pendant 30 minutes. Rabattre la pâte d'un coup de poing et verser dans 8 moules individuels à cannelés bordelais beurrés. Laisser lever 25 à 30 minutes de plus.

Cuire au four à 180°C (350°F) de 15 à 25 minutes ou jusqu'à ce que la pâte soit bien dorée. Démouler et remettre les savarins au four sur une plaque à 120°C (250°F) de 15 à 20 minutes pour les faire sécher. Réserver à température ambiante.

Dans une casserole, amener le sucre, l'eau et le rhum à ébullition, puis retirer du feu. Plonger les savarins dans le sirop chaud et les laisser macérer en les arrosant régulièrement de sirop. Entretemps, déposer dans 8 verrines une fine couche de pulpe de fruits de la passion. Quand les babas sont bien imbibés de sirop, les égoutter sur une grille et les déposer dans les verrines. Réserver au froid.

CRÈME CHANTILLY

Fendre la gousse de vanille sur la longueur et en retirer les petits grains noirs à l'aide d'un couteau bien aiguisé. Mélanger tous les ingrédients dans le bol d'un malaxeur et fouetter jusqu'à l'obtention de pics fermes. Verser dans une poche à pâtisserie munie d'une douille cannelée et réserver au réfrigérateur.

MONTAGE

Au moment de servir, poêler les tranches d'ananas au beurre et flamber avec le rhum jamaïcain. Rouler ensuite dans la croûte de noix, tailler en lamelles et réserver au four à 120°C (250°F). Déposer dans 4 assiettes une verrine et décorer avec une rosace de crème Chantilly. De l'autre côté, déposer un sandwich glacé avec l'ananas caramélisé sur le dessus. Couler du caramel épicé chaud sur l'ananas et garnir de zeste de lime frais. Servir.

Soupe froide de fruits exotiques liée au mascarpone, palais de chocolat et sorbet à la goyave

POUR 4 PERSONNES

SOUPE AUX FRUITS
- 125 ml de lait 3,25 %
- 15 g de sucre
- 1 gousse de vanille
- 30 g de jaune d'œuf
- 60 g de fromage mascarpone
- 50 g de pulpe de mangue
- 75 g de pulpe de fruits de la passion

PÂTE À TUBES
- 30 g de farine tout usage
- 75 g de sucre à glacer
- 30 g de beurre non salé, fondu
- 50 g de blanc d'œuf

ESPUMA À LA VANILLE
- 150 ml de lait 3,25 %
- 75 g de sucre
- 1 gousse de vanille
- 75 g de jaune d'œuf
- 200 ml de crème 35 %

MOELLEUSE AU CHOCOLAT MICHEL CLUIZEL
- 120 ml de lait 3,25 %
- 120 ml de crème 35 %
- 43 g de sucre
- 40 g de jaune d'œuf
- 200 g de chocolat Michel Cluizel Los Ancones 67 %

SORBET À LA GOYAVE
- 90 ml d'eau
- 70 g de sucre
- 20 g de glucose
- 145 g de pulpe de goyave
- 5 ml de jus de citron

TIAN DE FRUITS EXOTIQUES
- 1 fruit du dragon (pitaya)
- 1 mangue
- 1 orange

(Important : les mesures sont données uniquement en format métrique. Pour plus de précision, peser tous les ingredients.)

Accord vin

Gewurztraminer 2000, Vendanges Tardives, Trimbach

Code SAQ : 10810277 – 28,60 $ (375 ml)

SOUPE AUX FRUITS

Dans une casserole, porter le lait à ébullition avec la moitié du sucre et la gousse de vanille. Fouetter le reste du sucre avec les jaunes d'œufs et verser un peu de lait chaud sur l'appareil en fouettant pour réchauffer les jaunes. Remettre le tout dans la casserole et cuire à feu moyen, en brassant constamment, jusqu'à une température de 85°C. Retirer la gousse de vanille du mélange. À l'aide d'un mélangeur à main, incorporer le fromage mascarpone à la préparation, puis la pulpe de mangue et celle aux fruits de la passion. Réserver au réfrigérateur.

PÂTE À TUBES

Dans un bol, mélanger la farine et le sucre à glacer, puis verser le beurre fondu. Détendre cette pâte très épaisse au fouet en ajoutant le blanc d'œuf et l'abaisser en 4 rectangles. Disposer sur un tapis de silicone ou sur une plaque recouverte de papier parchemin et cuire au four à 165°C (325°F) jusqu'à ce que la pâte soit légèrement colorée. Retirer du four, puis mouler rapidement les rectangles de pâte autour d'un tube à cannoli (pâtisserie roulée italienne). Décoller et réserver à température ambiante.

ESPUMA À LA VANILLE

Dans une casserole, porter le lait à ébullition avec la moitié du sucre et la gousse de vanille. Fouetter le reste du sucre avec les jaunes d'œufs et verser un peu de lait chaud sur cet appareil pour réchauffer les jaunes d'œufs. Remettre le tout dans la casserole et cuire à feu moyen, en remuant constamment, jusqu'à une température de 85°C. Hors du feu, ajouter la crème, puis refroidir l'appareil très rapidement en plongeant la casserole dans un bain de glace en remuant fréquemment. Retirer la gousse de vanille, passer au chinois étamine et verser dans un siphon à espuma de 750 ml (dans les boutiques spécialisées). Charger avec une cartouche de CO_2. Réserver au réfrigérateur.

MOELLEUSE AU CHOCOLAT MICHEL CLUIZEL

Dans une casserole, porter le lait et la crème à ébullition avec la moitié du sucre. À l'aide d'un fouet, mélanger l'autre moitié avec les jaunes d'œufs. Ajouter un peu de lait chaud sur les jaunes d'œufs pour les réchauffer, mélanger au fouet et remettre le tout dans la casserole. Chauffer en fouettant jusqu'à une température de 85°C. Verser la crème anglaise sur le chocolat, attendre 1 à 2 minutes avant de mélanger pour que le chocolat fonde et ait une texture homogène. Réserver au réfrigérateur.

SORBET À LA GOYAVE

Dans une casserole, porter à ébullition l'eau, le sucre et le glucose. Retirer du feu immédiatement et laisser refroidir le sirop ainsi obtenu. Quand le sirop est froid, ajouter la pulpe de goyave et le jus de citron. Passer à la sorbetière et réserver au congélateur.

TIAN DE FRUITS EXOTIQUES

Peler les fruits et les couper en fine brunoise. Réserver au réfrigérateur.

MONTAGE

Dans 4 assiettes creuses, déposer un emporte-pièce rond et dresser un palet de moelleuse au chocolat à l'aide d'une poche à pâtisserie munie d'un embout uni. Ajouter le tian de fruits exotiques en pressant légèrement, puis démouler. Farcir les tubes avec l'espuma à la vanille. Verser la soupe de fruits exotiques et garnir chaque tian de fruits d'une quenelle de sorbet à la goyave. Disposer un tube farci sur chaque assiette et servir.

Jean-Luc avec Jean Vachon
(sa recette en page 152)

Isabelle Légaré
(sa recette en page 162)

Frédéric Trempe
(sa recette en page 154)

L'HÉRITAGE DU SAINT-AMOUR

En 2010, la gouverneure générale du Canada, Michaëlle Jean, reconnaissait le travail remarquable accompli par Jean-Luc Boulay à titre de mentor auprès de la relève en lui décernant son premier prix des Arts de la table. Après la cérémonie, des chefs et des sommeliers établis à Vancouver, Whistler et Toronto sont venus le remercier d'avoir su leur transmettre sa passion de la cuisine des années plus tôt, soit au Saint-Amour, soit lors de stages de perfectionnement. De fait, Jean-Luc considère qu'il est essentiel d'assumer ce rôle de mentor, autant auprès de son équipe qu'avec les étudiants côtoyés dans les centres de formation professionnelle. Sachant combien ce métier peut être difficile, il tente de stimuler les apprentis en les dotant d'abord de connaissances solides ; ensuite, il tente de leur faire découvrir les défis intéressants qui les attendent : plaisir de la créativité, esprit d'équipe, performance, satisfaction de rendre les clients heureux et de contribuer au succès des producteurs locaux. En faisant cela, il veut redonner ce qu'il a lui-même reçu lorsqu'il était en apprentissage, sachant l'importance de l'encouragement et de la valorisation pour former des chefs compétents, qui s'investiront à fond dans leur profession. Les cuisiniers que nous vous présentons ici considèrent Jean-Luc Boulay comme leur « père spirituel en cuisine », celui qui leur a transmis le feu sacré. Ils ont tous travaillé plusieurs années aux fourneaux du Saint-Amour et plusieurs y sont toujours. Nous les remercions d'avoir accepté de participer à ce livre.

Pithiviers de faisan au romarin, salade fraîcheur

RECETTE DE ROGER TREMBLAY

POUR 8 PITHIVIERS

RAGOÛT DE FAISAN AU ROMARIN

- **1 faisan**
- **100 g (3 oz) d'oignon**
- **2 gousses d'ail**
- **45 ml (3 c. à tab) de beurre**
- **Épices à volaille (voir recette en page 240)**
- **20 ml (4 c. à thé) de pâte de tomate**
- **15 ml (1 c. à tab) de farine tout usage**
- **30 ml (2 c. à tab) de sauce soja**
- **100 ml (7 c. à tab) de vin blanc**
- **300 ml (1 1/4 t) de bouillon de faisan (voir recette bouillon de volaille en page 238)**
- **Sel et 1 branche de romarin**

SAUCE AUX CHAMPIGNONS

- **100 g (3 oz) de champignons de Paris**
- **30 ml (2 c. à tab) de beurre**
- **100 ml (7 c. à tab) de sauce du ragoût de faisan**

MONTAGE DES PITHIVIERS

- **1 œuf (pour la dorure)**
- **15 ml (1 c. à tab) d'eau froide (pour la dorure)**
- **250 g (8 oz) de pâte brisée (voir recette en page 240)**

GARNITURE

- **Salade de verdures variées, au choix**

Accord vin

Côteaux d'Aix en Provence 2006, Domaine des Béates
Code SAQ : 113582601 – 22,75 $

Roger Tremblay travaille au Saint-Amour depuis l'ouverture ; il a débuté comme plongeur, puis a monté les échelons et obtenu son diplôme de cuisinier professionnel aux côtés de Jean-Luc Boulay comme maître d'apprentissage. En retour, il a enseigné à son patron à patiner et à jouer au hockey ! Roger est aujourd'hui chef de jour, responsable de la mise en place et des approvisionnements. Il donne aussi un coup de main au service de traiteur.

RAGOÛT DE FAISAN AU ROMARIN

Désosser le faisan, tailler en cubes de 5 cm (2 po) et réserver au réfrigérateur. Concasser la carcasse finement et préparer un fond selon la technique du bouillon de volaille. Réserver au réfrigérateur et dégraisser avant d'utiliser.

Hacher l'oignon, dégermer et hacher l'ail. Dans une casserole allant au four, faire fondre le beurre et faire revenir les morceaux de viande à feu moyen-vif. Assaisonner avec les épices à volaille, ajouter l'oignon et l'ail et faire revenir 2 minutes de plus. Ajouter la pâte de tomate et singer avec la farine (saupoudrer en pluie). Bien mélanger, puis ajouter la sauce soja et le vin blanc. Porter à ébullition en remuant constamment et ajouter le bouillon de faisan. Saler et ajouter la branche de romarin. Cuire au four, à couvert, à 150°C (300°F) pendant environ 90 minutes.

SAUCE AUX CHAMPIGNONS

Au terme de la cuisson, vérifier la tendreté de la viande et la retirer du jus de cuisson. Passer la sauce au tamis et réduire à découvert et à feu vif jusqu'à la consistance désirée. Vérifier l'assaisonnement et parfumer, au besoin, de romarin haché.

Nettoyer les champignons, couper en quartiers et sauter dans une poêle au beurre à feu vif. Ajouter 100 ml (7 c. à tab) de sauce, réduire 1 minute, puis mélanger à la viande. Réserver le reste de la sauce pour la garniture.

MONTAGE DES PITHIVIERS

Battre l'œuf avec 15 ml (1 c. à tab) d'eau pour la dorure. Abaisser la pâte brisée et découper 8 cercles de 10 cm (4 po) de diamètre et 8 cercles de 12 cm (5 po). Au centre des cercles de pâte plus petits, répartir le ragoût de faisan aux champignons. À l'aide d'un pinceau, badigeonner les pourtours de la pâte avec la dorure, puis recouvrir avec les plus gros cercles de pâte. Badigeonner les pithiviers avec le reste de la dorure et cuire au four à 180°C (350°F) une trentaine de minutes ou jusqu'à ce qu'ils soient bien dorés.

DRESSAGE

Servir avec une salade relevée de vinaigrette et un peu de sauce parfumée au romarin.

À savoir

Vous pouvez faire la même recette avec tous les types de volaille et ajouter les champignons ou des légumes de votre choix.

•

On peut aussi cuire ce ragoût à la mijoteuse.

Homard poché au beurre clarifié, purée d'amandes parfumée au corail et laitue de riz

RECETTE DE BENOÎT LAROCHELLE

POUR 4 PERSONNES

HOMARD
- **4 homards femelles de 700 g à 1 kg (1 1/2 à 2 lb)**

PURÉE D'AMANDES
- **2 pommes de terre**
- **150 ml (2/3 t) de lait 3,25 %**
- **150 g (4 oz) de pâte d'amande 66 %**

SAUCE
- **8 à 10 feuilles de laitue de riz (ou feuilles de cœurs de romaine)**
- **500 ml (2 t) de crème 35 %**
- **Sel, poivre et piment d'Espelette, au goût**

GARNITURE DE LÉGUMES
- **12 asperges**

DRESSAGE
- **125 g (4 oz) de beurre clarifié**
- **1 tige d'estragon**
- **Corail séché des homards (pour garnir)**

Accord vin

Viognier 2009, Bonterra Vineyard, Californie
Code SAQ : 898767 – 21,20 $

Benoît Larochelle : cuisinier au Saint-Amour depuis l'été 1997, c'est avec son ami Frédéric Boulay qu'il y fait ses premières classes. Aidant d'abord à préparer les légumes, puis au traiteur, il devient rapidement garde-manger (chef aux entrées froides). Trois ans après son arrivée, il obtient son diplôme professionnel tout en travaillant à temps plein. Après avoir fait des stages à l'étranger et bossé pendant quatre ans aux fourneaux aux côtés de son mentor, il est nommé chef des cuisines en 2007.

HOMARD

Faire pocher les homards dans une eau très salée et légèrement vinaigrée une dizaine de minutes. Décortiquer les homards et réserver au réfrigérateur. Retirer le corail avec soin et le faire sécher au four à 250°C (480°F) jusqu'à ce qu'il soit bien rouge. Hacher au couteau pour obtenir une fine poudre. Réserver.

PURÉE D'AMANDES

Couper les pommes de terre en quartiers, mettre dans une casserole d'eau froide salée et cuire de 20 à 30 minutes ou jusqu'à tendreté. Passer au tamis.

Dans une casserole, amener le lait à ébullition. Au fouet, ajouter la pâte d'amande en fouettant constamment jusqu'à ce que le mélange soit homogène. Incorporer les pommes de terre et rectifier l'assaisonnement.

SAUCE

Avec un petit couteau aiguisé, couper les feuilles de laitue le long des tiges et réserver celles-ci. Dans une petite casserole, faire réduire la crème de moitié à découvert et à feu moyen-vif. Ajouter les feuilles de laitue et mixer à l'aide d'un mélangeur sur pied. Assaisonner au goût de sel, de poivre et de piment d'Espelette. Réserver au chaud.

GARNITURE DE LÉGUMES

Éplucher les tiges de laitue et d'asperge. Blanchir à l'eau salée de 2 à 3 minutes. Refroidir rapidement à l'eau glacée pour arrêter la cuisson et fixer la couleur. Égoutter et éponger avec des essuie-tout. Au moment de servir, poêler les légumes au beurre (sans coloration) juste assez pour les réchauffer.

DRESSAGE

Réchauffer à 60°C (140°F) les queues et les pinces de homard pendant 3 à 4 minutes dans le beurre clarifié parfumé avec la tige d'estragon. Dans chacune des 4 assiettes de service bien chaudes, déposer une grosse cuillère de purée d'amandes et étirer pour créer un trait. Saupoudrer avec le corail de homard. Déposer le homard dessus. Insérer les asperges et les tiges de laitue de riz dans la queue. Verser un peu de sauce sur le homard et à côté.

Trilogie de canapés « façon Saint-Amour »

RECETTE DE STÉPHANIE LAVERGNE

POUR 10 PERSONNES

SUCETTES D'ŒUF DE CAILLE AU JAMBON DE PARME ET AUX TRUFFES

- **10 œufs de caille**
- **3 tranches de jambon de Parme**
- **15 ml (1 c. à tab) d'huile de truffe**
- **Sel et poivre du moulin, au goût**

TRANSPARENCE DE CRABE DES NEIGES, CAVIAR, COULIS DE TOMATE ET AVOCAT

- **100 g (3 oz) de tomate fraîche**
- **30 ml (2 c. à tab) d'huile d'olive extra-vierge**
- **10 ml (2 c. à thé) de coriandre**
- **200 g (6 oz) de crabe des neiges**
- **5 ml (1 c. à thé) de gingembre râpé**
- **45 ml (3 c. à tab) de mayonnaise**
- **Le jus de 2 limes, séparé**
- **10 ml (2 c. à thé) de pâte de tomate**
- **Sel, poivre et tabasco, au goût**
- **1 avocat mûr**
- **50 g (2 oz) de caviar noir, au goût**
- **30 unités de haricots edamame (haricots de soja frais)**

TATIN DE CANARD CONFIT, ÉCORCE D'ORANGE, THYM ET ÉCHALOTE

- **1 cuisse de canard confite**
- **2 échalotes grises**
- **25 ml (5 c. à thé) de beurre salé**
- **3 branches de thym**
- **60 ml (4 c. à tab) de porto**
- **Sel, poivre et tabasco, au goût**
- **20 ml (4 c. à thé) d'écorce d'orange confite**
- **10 petits disques de pâte feuilletée d'un diamètre un peu plus gros qu'une pièce de deux dollars**

Accord vin

Quails' Gate Pinot noir Family Reserve, Vallée de l'Okanagan,
Code SAQ : 11140341 – 45,50 $

SUCETTES D'ŒUF DE CAILLE AU JAMBON DE PARME ET AUX TRUFFES

Déposer les œufs dans des petits ramequins enduits d'huile d'olive. Saler et poivrer. Cuire à la vapeur à basse température jusqu'à ce que les œufs soient figés, mais le jaune encore un peu coulant. Laisser refroidir.

Couper le jambon en 10 bandes de la même épaisseur que les œufs. Rouler le jambon autour de chacun et faire tenir avec de jolis piques à canapé. Verser quelques gouttes d'huile de truffe avant de servir.

TRANSPARENCE DE CRABE DES NEIGES, CAVIAR, COULIS DE TOMATE ET AVOCAT

Couper les tomates et cuire dans l'huile d'olive à feu doux. Passer au robot, puis au tamis fin ou au chinois. Remettre à chauffer à feu doux afin de réduire pour épaissir le coulis pendant environ 10 minutes. Rectifier l'assaisonnement et laisser refroidir.

Hacher la coriandre. Dans un cul-de-poule, mélanger le crabe bien égoutté, la coriandre, le gingembre, la mayonnaise, un jus de lime et la pâte de tomate. Assaisonner et réserver au réfrigérateur. Couper l'avocat et passer au robot avec l'autre jus de lime jusqu'à ce que la purée soit bien lisse. Rectifier l'assaisonnement.

Dans le fond de 10 verrines de forme arrondie, mettre un peu de purée d'avocat à l'aide d'une poche à pâtisserie munie d'un embout uni. Ajouter la préparation de crabe. Ne pas trop en mettre dans le centre, mais plutôt sur les parois de la verrine. Disposer une fine ligne de caviar en le collant sur les parois. Verser délicatement le coulis de tomate au centre de la verrine. Laisser refroidir et déposer trois haricots edamame sur chaque verrine.

TATIN DE CANARD CONFIT, ÉCORCE D'ORANGE, THYM ET ÉCHALOTE

Effilocher la cuisse de canard confite et réserver. Hacher les échalotes et les faire sauter au beurre dans une poêle à feu vif sans trop les colorer. Ajouter le thym, puis déglacer avec le porto. Laisser réduire presque à sec. Enlever les branches de thym, ajouter le canard effiloché et bien mélanger. Assaisonner au goût de sel, poivre et tabasco.

Dans 10 moules de silicone en forme de petits dômes, déposer un morceau d'écorce d'orange. Ajouter la préparation de canard confit, puis disposer les disques de pâte feuilletée. Placer une feuille de papier parchemin sur le moule et surmonter d'une plaque afin d'éviter que la pâte ne lève. Cuire à 190°C (375°F) pendant environ 10 minutes. Démouler et servir chaud.

Stéphanie Lavergne : lauréate de plusieurs prix dans différents concours culinaires canadiens et québécois destinés à la relève, cette jeune femme timide cache une artiste dotée d'une grande minutie. Son patron ne s'y est pas trompé lorsqu'il l'a embauchée en 2005 en lui offrant de l'aider à développer son service de traiteur haut de gamme. Elle contribue depuis à sa renommée par la création de petites assiettes et de mises en bouche originales, raffinées et débordantes de saveur.

Duo froid de flétan et de crevettes aux agrumes et aux champignons portobellos

RECETTE DE NICOLAS DROUIN

POUR 4 PERSONNES

FLÉTAN MARINÉ
- **500 g (1 lb) de flétan frais**
- **Le jus de 1 orange**
- **100 ml (7 c. à tab) d'huile d'olive**
- **5 ml (1 c. à thé) de coriandre ciselée**
- **Sel, poivre et piment d'Espelette, au goût**

MAYONNAISE DE FLÉTAN AUX PORTOBELLOS
- **200 g (6 oz) de flétan**
- **5 champignons portobellos moyens, divisés**
- **15 ml (1 c. à tab) de beurre, pour sauter**
- **1 échalote grise hachée finement**
- **10 ml (2 c. à thé) d'huile d'olive, pour sauter**
- **45 ml (3 c. à tab) de vinaigre balsamique**
- **60 ml (4 c. à tab) de mayonnaise**
- **45 ml (3 c. à tab) de beurre**
- **Le jus de 1 citron**
- **Sel et poivre du moulin, au goût**
- **15 ml (1 c. à tab) de coriandre ciselée**

PÂTE À CRÊPE AUX CHAMPIGNONS
- **90 ml (6 c. à tab) de lait 3,25 %**
- **45 g (3 c. à tab) de farine tout usage**
- **85 g (2 1/2 oz) de champignons sautés**
- **1 œuf battu**
- **Sel et poivre, au goût**

PÂTE À CRÊPE AUX ÉPINARDS
- **100 ml (7 c. à tab) de lait 3,25 %**
- **1 œuf battu**
- **60 ml (4 c. à tab) de farine tout usage**
- **45 ml (3 c. à tab) d'épinards cuits**
- **Sel et poivre, au goût**

MOUSSE DE CREVETTES ET DE FLÉTAN
- **100 g (3 oz) de crevettes**
- **50 g (1 1/2 oz) de flétan**
- **3 g (1/2 c. à thé) de sel**
- **Poivre de Cayenne et paprika, au goût**
- **150 ml (1/3 t) de crème 35 %**

FLÉTAN MARINÉ

Couper le flétan en cubes de 50 g (1 1/2 oz) et mariner dans le jus d'orange, l'huile d'olive et la coriandre pendant 2 heures. Égoutter et éponger avec des essuie-tout. Dans une poêle bien chaude, cuire le poisson à feu vif de tous les côtés. Assaisonner de sel, de poivre et de piment d'Espelette. Réserver au réfrigérateur, puisqu'il sera servi froid.

MAYONNAISE DE FLÉTAN AUX PORTOBELLOS

Pocher le flétan dans le fumet frémissant quelques minutes pour que le poisson cuise le plus doucement possible. Retirer du fumet et refroidir au réfrigérateur.

Les champignons portobellos serviront lors de 3 étapes : en brunoise pour incorporer à la mayonnaise de flétan, en julienne comme décoration sur la mayonnaise et dans une pâte à crêpe aux champignons. Tailler d'abord 3 champignons en brunoise, puis poêler au beurre avec l'échalote. Réserver la moitié pour la mayonnaise et l'autre pour la pâte à crêpe. Couper ensuite 2 champignons en julienne et les sauter à l'huile d'olive, puis déglacer avec le vinaigre balsamique. Réserver.

Effilocher le flétan et le mettre dans un cul-de-poule avec la moitié des champignons en brunoise, la mayonnaise, le beurre, le jus de citron et 15 ml (1 c. à tab) de coriandre. Mélanger et assaisonner au goût. Réserver au réfrigérateur.

PÂTES À CRÊPE

Mixer tous les ingrédients de la pâte à crêpe aux champignons au mélangeur jusqu'à l'obtention d'une préparation lisse. Réserver. Faire la même chose pour la pâte à crêpe aux épinards. Étendre la pâte aux champignons sur une plaque recouverte d'un tapis de silicone ou de papier parchemin. Cuire au four à 180°C (350°F) pendant environ 5 minutes. Étendre la pâte aux épinards sur celle aux champignons et cuire 5 minutes de plus. Refroidir et tailler en fines languettes qui serviront à entourer la mayonnaise au flétan (voir photo).

MOUSSE DE CREVETTES ET DE FLÉTAN

Hacher les crevettes et le flétan au robot, ajouter les assaisonnements, mixer à nouveau, puis incorporer la crème en filet. Attention ne pas mixer trop longtemps pour ne pas réchauffer la farce. Passer au tamis et rouler en boudin dans de la pellicule de plastique. Cuire à la vapeur douce jusqu'à ce que la préparation atteigne 65°C (149°F) à cœur. Refroidir et réserver.

SAUCE À L'ORANGE

Dans une poêle, réduire le jus aux trois quarts et monter au fouet avec l'huile d'olive. Réserver.

SALADE DE POIVRONS AU GINGEMBRE

Émincer les poivrons en julienne et mariner 1 heure dans le jus de citron et d'orange, avec le gingembre et l'échalote. Assaisonner et ajouter la coriandre. Égoutter avant de servir s'il y a trop de liquide.

SAUCE À L'ORANGE

- **Le jus de 4 oranges**
- **100 ml (7 c. à tab) d'huile d'olive**

SALADE DE POIVRONS AU GINGEMBRE

- **1/2 poivron vert**
- **1/2 poivron rouge**
- **1/2 poivron orange**
- **Le jus de 1 citron**
- **Le jus de 1 orange**
- **5 ml (1 c. à thé) de gingembre haché**
- **1 échalote grise hachée finement**
- **Sel et poivre, au goût**
- **5 ml (1 c. à thé) de coriandre ciselée**

PURÉE DE POIS VERTS

300 g (3/4 lb) de petits pois verts
Lait 3,25 %, au goût
Sel et poivre, au goût

Accord vin

Sancerre 2010, Domaine la Moussière, Alphonse Mellot
Code SAQ : 33480 – 27,40 $

PURÉE DE POIS VERTS

Cuire les petits pois à l'anglaise et les refroidir. Mixer avec du lait pour en faire une purée légèrement liquide. Assaisonner.

MONTAGE

Commencer par mouler la mayonnaise de flétan dans des emporte-pièce de la forme désirée. Chemiser avec une languette de crêpe. Garnir avec la julienne froide de champignons au balsamique. Placer sur les assiettes de service. Au centre de chacune, déposer le cube de flétan grillé froid, garnir de salade de poivrons au gingembre et d'un boudin de mousse de crevettes et de flétan. Dans une verrine, couler la purée de pois verts. Pour terminer, ajouter un filet de sauce à l'orange.

Nicolas Drouin : entré au Saint-Amour il y a 8 ans alors qu'il était encore aux études à l'École hôtelière de la Capitale, ce jeune créatif a raflé tous les prix à toutes les compétitions auxquelles il a participé, dont le titre très convoité (et jamais gagné jusque-là) de champion du monde toutes catégories au Mondial de la formation professionnelle, au Japon, en 2007. Il n'avait que 18 ans. La recette qui suit lui a valu la médaille d'or. Tout ce qui lui procure une décharge d'adrénaline maximale lui plaît et le stimule. Il est sous-chef de soir.

Aiguillettes de canard au sel et terrine de fromage Jac le Chevrier à la betterave

RECETTE DE SABRINA LEMAY

POUR 10 PERSONNES

AIGUILLETTES DE CANARD AU SEL

- **5 baies de genièvre**
- **3 g (1/2 c. à thé) de graines de coriandre**
- **1 feuille de laurier**
- **1 branche de romarin**
- **1 branche de thym**
- **1 poivre long**
- **200 g (6 oz) de gros sel**
- **50 g (1 1/2 oz) de sucre**
- **1 magret de canard de 300 g (9 oz)**

TERRINE DE FROMAGE À LA BETTERAVE

- **1 grosse betterave jaune**
- **1 betterave Chioggia (ou betterave rouge)**
- **175 g (5 oz) de fromage de chèvre Jac le Chevrier**
- **75 ml (5 c. à tab) de crème 35 %**
- **5 ml (1 c. à thé) de pesto**
- **Sel, poivre et piment d'Espelette, au goût**
- **5 belles feuilles de chou de Savoie**

Accord vin

Pinot Noir Growers Blend 2009
Tawse Winery, Péninsule du Niagara
Code SAQ : 11617049 – 34,95 $

AIGUILLETTES DE CANARD AU SEL

À l'aide d'un moulin à café ou d'un Thermomix, écraser toutes les épices et les herbes, puis les mélanger avec le gros sel et le sucre. Avec un petit couteau bien aiguisé, quadriller la peau du magret et l'enrober complètement du mélange d'épices. Couvrir et laisser mariner au réfrigérateur pendant 48 heures. Égoutter le magret, le frotter et le sécher avec du papier absorbant, puis le mettre au congélateur pendant 1 heure pour faciliter le tranchage.

TERRINE DE FROMAGE À LA BETTERAVE

Cuire les betteraves dans de l'eau bouillante salée. Au terme de la cuisson, égoutter, éplucher et couper en tranches de 3 mm d'épaisseur. Réserver. Au robot, mixer le fromage de chèvre avec la crème et le pesto, puis assaisonner de sel, de poivre et de piment d'Espelette. Cuire les feuilles de chou de Savoie dans de l'eau bouillante salée. Les plonger dans de l'eau glacée pour interrompre la cuisson et fixer la couleur. Bien égoutter et éponger avec des essuie-tout.

Chemiser un moule à terrine de papier cellophane. Tapisser le fond et les rebords du moule avec les feuilles de chou, puis faire alterner des couches de mousse de fromage et des tranches de betterave jusqu'à ce que le moule soit rempli. Réserver au réfrigérateur au moins 2 heures.

DRESSAGE

Couper de très fines tranches de canard (aiguillettes) et servir avec des tranches de terrine de fromage de chèvre à la betterave.

Sabrina Lemay : chef de partie au garde-manger et au poisson en alternance, elle fait partie de l'équipe du Saint-Amour depuis 2008. Celle qui savait dès l'enfance qu'elle ferait carrière en gastronomie a aussi étudié en design et avoue une passion pour le dessin, ce qui explique son goût pour les présentations recherchées. Mais comme la plupart de ses collègues masculins, elle carbure aussi à l'adrénaline ; c'est, croit-elle, ce qui fait que l'on choisit un défi comme le Saint-Amour : il faut savoir travailler vite, mais tout doit être parfait !

Noisettes de wapiti aux légumes-racines, sauce au thé du Labrador, espuma de maïs et gadelles

RECETTE DE JEAN VACHON

POUR 4 PERSONNES

ESPUMA DE MAÏS

- **45 ml (3 c. à tab) d'oignon haché**
- **25 ml (5 c. à thé) de beurre**
- **5 ml (1 c. à thé) de curcuma**
- **250 g (8 oz) de grains de maïs**
- **300 ml (1 1/4 t) de lait 3,25 %**
- **250 ml (1 t) de crème 35 %**
- **Sel et poivre, au goût**

PURÉE DE LÉGUMES-RACINES

- **2 bulbes de céleri-rave**
- **350 g (3/4 lb) de pommes de terre Yukon Gold**
- **45 ml (3 c. à tab) de beurre**
- **Sel et poivre du moulin, au goût**
- **100 ml (7 c. à tab) de crème 35 %, fouettée**

THÉ DU LABRADOR

- **250 ml (1 t) d'eau**
- **25 g (1 oz) de feuilles de thé du Labrador**

NOISETTES DE WAPITI ET SAUCE

- **60 ml (4 c. à tab) d'huile d'arachide**
- **8 noisettes de wapiti de 60 g (2 oz) chacune**
- **75 ml (5 c. à tab) de vin rouge**
- **150 ml (2/3 t) de jus de viande** **(voir recette en page 238)**
- **125 ml (1/2 t) de thé du Labrador infusé**

GARNITURE

- **50 g (2 oz) de gadelles (groseilles rouges)**
- **25 ml (5 c. à thé) de confiture de fruits des champs**

Accord vin

Comtes de Rocquefeuil, Côteaux du Languedoc, Montpeyroux 2009
Code SAQ : 473132 – 25 $

À savoir

On trouve facilement le thé du Labrador dans les forêts du Québec.

ESPUMA DE MAÏS

Dans une petite casserole, faire revenir l'oignon haché au beurre à feu moyen avec le curcuma, ajouter le maïs et cuire 2 minutes. Ajouter le lait et la crème et laisser mijoter jusqu'à tendreté du maïs. Saler, poivrer, puis mixer. Passer au tamis fin, refroidir et mettre dans un siphon à espuma (dans les magasins spécialisés) avec 3 cartouches. Réserver.

PURÉE DE LÉGUMES-RACINES

Éplucher les céleris-raves et les pommes de terre et les cuire à l'eau salée. Égoutter et passer au presse-purée en incorporant le beurre. Vérifier l'assaisonnement et ajouter la crème fouettée délicatement à la spatule.

THÉ DU LABRADOR

Faire bouillir l'eau et ajouter les feuilles de thé du Labrador. Laisser infuser 6 minutes. Filtrer.

NOIX DE WAPITI

Chauffer l'huile d'arachide, assaisonner les noix de wapiti et saisir à la poêle dans l'huile chaude. Poursuivre la cuisson au goût (saignant ou rosé pour plus de tendreté). Retirer du feu et laisser reposer, recouvert d'un papier d'aluminium, pendant 5 minutes.

SAUCE

Entre-temps, dégraisser la poêle de cuisson et déglacer au vin rouge. Faire réduire de moitié et ajouter le thé du Labrador et le jus de viande. Laisser réduire de moitié et ajouter les gadelles et la confiture aux fruits des champs. Vérifier l'assaisonnement.

DRESSAGE

Sur 4 assiettes chaudes, dresser la purée de légumes-racines, déposer 2 noisettes de wapiti et napper de sauce au thé du Labrador. Garnir avec l'espuma de maïs.

Jean Vachon : ami de longue date du chef Boulay, il mène depuis plus de 20 ans une double vie : enseignant le jour, il est aussi chef traiteur occasionnel pour le Saint-Amour le soir et la fin de semaine tout en s'impliquant dans différentes causes caritatives. Cofondateur de la Fondation Serge-Bruyère qui aide la relève, grand voyageur devant l'Éternel et amoureux d'opéra, ce chef qui tient à demeurer un praticien cherche aussi à approfondir sa connaissance des autres cultures culinaires pour en faire profiter élèves et collègues.

Noix de pétoncle de Havre-Saint-Pierre, flanc de porc croustillant, lentilles vertes du Puy, réduction de jus de viande au soja et au cari

RECETTE DE FRÉDÉRIC TREMPE

POUR 8 PERSONNES

FLANC DE PORC

- **800 g (1 3/4 lb) de flanc de porc**
- **100 ml (7 c. à tab) de mirin (vin de riz)**
- **15 ml (1 c. à tab) de cinq-épices**
- **15 ml (1 c. à tab) de sel**
- **30 ml (2 c. à tab) de beurre clarifié (pour cuire)**

HUILE DE CARI

- **30 ml (2 c. à tab) de cari de Madras**
- **15 ml (1 c. à tab) de curcuma**
- **Sel et poivre concassé, au goût**
- **125 ml (1/2 t) d'huile de pépins de raisin**

RÉDUCTION DE JUS AU SOJA

- **1 échalote grise hachée**
- **15 ml (1 c. à tab) de beurre clarifié**
- **45 ml (3 c. à tab) de vinaigre de xérès**
- **250 ml (1 t) de fond de veau**
- **60 ml (4 c. à tab) de sauce soja**
- **125 ml (1/2 t) d'huile de cari**

RAGOÛT DE LENTILLES

- **250 ml (1 t) de lentilles vertes du Puy**
- **3 l (12 t) d'eau**
- **30 ml (2 c. à tab) de beurre clarifié**
- **60 ml (1/4 t) de chacun : oignon, carotte, poireau et céleri hachés en mirepoix**
- **4 tranches de bacon hachées finement**
- **2 branches de thym**
- **3 gousses d'ail hachées**
- **1 l (4 t) de bouillon de volaille (voir recette en page 238)**
- **2 feuilles de laurier**
- **Sel et poivre, au goût**

GARNITURE DU RAGOÛT DE LENTILLES

- **180 ml (3/4 t) de betterave jaune**
- **375 ml (1 1/2 t) de champignons shiitake**
- **30 ml (2 c. à tab) d'huile d'olive**
- **Sel et poivre, au goût**
- **45 ml (3 c. à tab) de persil plat haché**

FLANC DE PORC

Blanchir le flanc de porc 10 minutes dans de l'eau salée vinaigrée, puis laisser reposer 10 minutes dans l'eau de cuisson. Égoutter, éponger avec des essuie-tout et gratter la peau avec le dos d'un couteau d'office pour enlever la pellicule blanche. Percer la peau à plusieurs endroits à l'aide d'une pique à brochette. Bien assécher la viande avec des essuie-tout.

Mélanger le mirin avec les épices et le sel. Appliquer le mélange sur toutes les faces de la viande en faisant bien pénétrer. Cuire au four, peau vers le haut, à 125°C (260°F) pendant 2 h à 2h30. Piquer en cours de cuisson pour faire fondre le gras. Cuire jusqu'à ce que la peau soit dorée et cesse de former des petites bulles. Laisser refroidir et couper en 8 carrés égaux.

HUILE DE CARI

Dans une petite poêle, chauffer à sec à feu doux les épices avec le sel et le poivre en remuant jusqu'à ce qu'elles se colorent et rendent leur parfum. Ajouter l'huile et laisser frémir 2 à 3 minutes à feu très doux. Faire reposer de 60 minutes à 12 heures pour infuser les saveurs. Filtrer au chinois ou au tamis fin et réserver.

RÉDUCTION DE JUS AU SOJA

Faire revenir l'échalote dans le beurre clarifié sans coloration pendant 5 minutes et déglacer au vinaigre de xérès. Faire réduire de moitié, ajouter le fond de veau et la sauce soja et laisser réduire jusqu'à l'obtention d'une glace de viande. Passer au chinois ou au tamis fin et ajouter l'huile de cari à la sauce. Réserver pour le dressage.

RAGOÛT DE LENTILLES

Blanchir les lentilles dans 3 l (12 t) d'eau et égoutter à la première ébullition. Bien rincer à l'eau froide. Égoutter et réserver. Dans une casserole, faire revenir les légumes dans le beurre clarifié avec le bacon, le thym et l'ail. Ajouter les lentilles, le bouillon de volaille, les feuilles de laurier et cuire pendant 25 à 30 minutes. Saler et poivrer à mi-cuisson. Égoutter en conservant le jus de cuisson, retirer la garniture aromatique et réserver.

GARNITURE DU RAGOÛT DE LENTILLES

Cuire les betteraves dans l'eau salée avec la pelure de 30 à 40 minutes ou jusqu'à tendreté. Refroidir à l'eau froide, égoutter, éponger avec des essuie-tout et éplucher. Couper en petits dés. Retirer et jeter le pied des shiitake, émincer les têtes et cuire à feu moyen-vif dans une poêle avec un peu d'huile d'olive. Assaisonner en fin de cuisson. Ajouter le persil, rectifier l'assaisonnement et ajouter au ragoût de lentilles.

SALADE DE POIS MANGE-TOUT ET DE RADIS CROQUANT

Retirer le fil des pois mange-tout et émincer finement. Trancher les radis le plus finement possible et émincer. Plonger les légumes dans l'eau glacée pendant 10 minutes. Égoutter et assécher avec des essuie-tout. Mettre dans un saladier et mélanger avec le reste des ingrédients. Réserver.

SALADE DE POIS MANGE-TOUT ET DE RADIS CROQUANT

- **10 pois mange-tout**
- **6 radis**
- **250 ml (1 t) de glace + 500 ml (2 t) d'eau froide**
- **15 ml (1 c. à tab) d'huile d'olive**
- **15 ml (1 c. à tab) de jus de citron**
- **Sel et poivre, au goût**

NOIX DE PÉTONCLE DE HAVRE-SAINT-PIERRE

- **12 pétoncles de 40 g (1 1/2 oz) chacun (ou 4 de 100 g / 3 1/2 oz)**
- **Sel et poivre, au goût**
- **30 ml (2 c. à tab) de beurre clarifié**

Accord vin

Chardonnay EXP Californie
Code SAQ : 00594341 – 17,95 $

MONTAGE

Faire chauffer le ragoût de lentilles à feu doux. Dans une poêle, faire saisir le flanc de porc au beurre clarifié à feu vif sur toutes les faces, puis enfourner à 180°C (350°F) de 3 à 4 minutes. Bien éponger les pétoncles avec des essuie-tout et les assaisonner. Chauffer une poêle à feu vif. Ajouter le beurre clarifié et faire chauffer. Saisir les pétoncles dans le beurre clarifié très chaud pendant 1 minute de chaque côté afin de bien les colorer.

Verser un peu de lentilles sur 8 assiettes et y déposer le flanc de porc. Placer les pétoncles sur le porc. Arroser de quelques cuillères de sauce au soja tiède tout autour du flanc de porc et des lentilles. Garnir de salade de pois mange-tout et de radis.

Frédéric Trempe : apprenti de l'année en 2003, ce chef inventif et organisé est un pur produit de la pépinière de talents du Saint-Amour où il a travaillé pendant 8 ans. Il a rapidement gravi les échelons, gérant les cuisines avec doigté et leadership avec son grand ami le chef Frédéric Boulay. S'il vole aujourd'hui de ses propres ailes, il est demeuré très proche de la famille Boulay et s'est toujours réclamé de l'influence de Jean-Luc, qu'il considère comme son deuxième père.

Supplis frits garnis d'une salade de saumon et de thon frais

RECETTE DE CHRISTIAN LEMELIN

POUR 4 PERSONNES EN ENTRÉE

SUPPLIS

- **20 ml (4 c. à thé) d'oignon haché finement**
- **30 ml (2 c. à tab) d'huile d'olive**
- **75 g (2 1/2 oz) de riz carnaroli (à risotto)**
- **250 ml (1 t) de fond de volaille blanc (voir recette en page 238)**
- **45 ml (3 c. à tab) de crème 35 %**
- **15 ml (1 c. à tab) de parmesan reggiano râpé**
- **1 ciboule (échalote verte) hachée finement**

PANURE DES SUPPLIS

- **50 g (3 c. à tab) de farine tout usage**
- **2 œufs battus**
- **100 ml (7 c. à tab) de lait 3,25 %**
- **60 g (2 oz) de chapelure japonaise Panko (disponible en épicerie)**

SALADE DE SAUMON ET DE THON FRAIS

- **60 g (2 oz) de saumon très frais**
- **60 g (2 oz) de thon très frais**
- **15 ml (1 c. à tab) de chorizo en fine julienne**
- **Le zeste de 1/2 citron**
- **1/2 gousse d'ail hachée finement**
- **1/2 échalote grise hachée finement**
- **60 ml (4 c. à tab) d'huile d'olive, divisée**
- **5 ml (1 c. à thé) de tobiko (œufs de poisson volant)**
- **Sel et poivre, au goût**
- **1/2 botte de coriandre**
- **1/2 botte de persil plat**
- **Mayonnaise, au goût (pour dressage)**

Accord vin

Pinot blanc Five Vineyards Mission Hill, Vallée de l'Okanagan
Code SAQ : 00300301 – 15,50 $

À savoir

Le chorizo est un saucisson espagnol piquant qui ajoute une intéressante note viandeuse à ce plat.

SUPPLIS

Faire suer l'oignon dans une poêle à feu doux dans l'huile d'olive pendant 3 minutes. Ajouter le riz et remuer pour bien enrober d'huile (nacrer) pendant 2 minutes. Verser la moitié du fond de volaille bouillant sur le riz et cuire à frémissement, en brassant souvent, jusqu'à ce que le riz ait absorbé le bouillon. Continuer d'ajouter le bouillon, une louche à la fois, en brassant, jusqu'à ce que le riz soit cuit. Il est possible que vous ayez besoin de plus de fond de volaille pour terminer la cuisson. Quand le riz est cuit (mais encore légèrement al dente) et qu'il a bu le liquide, ajouter la crème, le parmesan et la ciboule. Retirer du feu et laisser refroidir 30 minutes au réfrigérateur.

PANURE DES SUPPLIS

À l'aide d'un emporte-pièce, mouler 4 petites rondelles de riz de 6 cm (2 1/3 po) de diamètre et de 2 cm (3/4 po) d'épaisseur. Placer au congélateur pendant 1 heure pour qu'elles soient plus faciles à paner. Paner à l'anglaise en trempant d'abord les rondelles dans la farine, puis dans le mélange d'œufs et de lait battus et ensuite dans le Panko. Pour une panure plus épaisse, on peut répéter l'opération. Réserver les rondelles au réfrigérateur sur du papier ciré.

SALADE DE SAUMON ET DE THON FRAIS

Couper le poisson en dés de 1,5 cm (2/5 po) et ajouter le chorizo en julienne. Râper le zeste de citron très finement et ajouter au poisson. Ajouter l'ail et l'échalote, avec la moitié de l'huile d'olive, les œufs de poisson volant, le sel et le poivre. Laver et effeuiller la coriandre et le persil, mais laisser les feuilles entières.

MONTAGE

Frire les supplis à 180°C (350°F) jusqu'à ce qu'ils soient dorés et égoutter sur du papier absorbant. Recouvrir de mayonnaise et ajouter la salade de poisson. Mélanger les feuilles de coriandre et de persil avec l'huile d'olive et disposer sur la salade de poisson. Faire un point de mayonnaise dans les assiettes et fixer le montage dessus. On peut ajouter une réduction de balsamique sur les assiettes, si désiré.

Christian Lemelin : adepte de sports extrêmes, il a trouvé au Saint-Amour dès l'âge de 15 ans un premier défi comme plongeur. Guidé par Jean-Luc, auprès de qui il a travaillé pendant plusieurs années, il a poursuivi ses études et fait de nombreux stages et séjours d'étude à l'étranger. Aujourd'hui copropriétaire des populaires restaurants Toast! et SSS (Simple Snack Sympathique), dans le Vieux-Port de Québec, il continue de mettre en pratique l'esprit d'audace et de découverte inculqué par celui qui a su lui transmettre le feu sacré pour sa profession.

Fondue de fromage de chèvre croustillante

RECETTE DE STEVE LEVASSEUR

POUR 4 PERSONNES EN ENTRÉE

MÉLANGE DE BASE ÉTAPE 1

- **45 ml (3 c. à tab) de farine tout usage**
- **45 ml (3 c. à tab) de beurre fondu**
- **200 ml (3/4 t) de fond blanc de volaille (voir recette en page 238)**
- **150 g (5 oz) de fromage de chèvre en miettes**

MÉLANGE À FONDUE ÉTAPE 2

- **15 ml (1 c. à tab) d'huile d'olive**
- **15 ml (1 c. à tab) d'oignon rouge haché finement**
- **1/4 de poivron rouge en brunoise**
- **4 champignons de Paris coupés en 8**
- **1/2 piment jalapeño en brunoise**
- **1/2 gousse d'ail hachée**
- **Quelques gouttes d'huile de truffe**
- **Le jus de 1/2 citron**
- **5 g (1 c. à thé) de sel**
- **1 pincée de poivre de Cayenne**
- **15 ml (1 c. à tab) de noix de Grenoble hachées**

PANURE

- **60 g (4 c. à tab) de farine tout usage**
- **3 jaunes d'œufs**
- **100 ml (7 c. à tab) de lait 3,25 %**
- **60 g (2 oz) de Panko (chapelure japonaise disponible en épicerie)**

SALSA D'ACCOMPAGNEMENT

- **5 tomates italiennes**
- **60 ml (4 c. à tab) d'huile d'olive**
- **1/4 d'oignon rouge haché finement**
- **1 gousse d'ail hachée finement**
- **1 botte de coriandre fraîche**
- **30 ml (2 c. à tab) de pâte de tomate**
- **1 pincée de chacun : sucre, sel, poivre**
- **2,5 ml (1/2 c. à thé) de sauce Sriracha (piquante) ou de tabasco**
- **15 ml (1 c. à tab) de vinaigre de vin blanc**
- **500 ml (2 t) de feuilles de mini-roquette (pour garnir)**
- **60 ml (4 c. à tab) de vinaigrette au citron (pour garnir)**

Accord vin

Nero d'Avola Vendemia Morgante, Sicile I.G.T. 2009

Code SAQ : 10542946 – 16,20 $

MÉLANGE DE BASE ÉTAPE 1

Dans une casserole munie d'un couvercle, préparer un roux en mélangeant bien la farine et le beurre fondu à feu moyen. Ajouter le fond blanc, fouetter vigoureusement et porter à ébullition. Couvrir hermétiquement et enfourner 30 minutes à 180°C (350°F). À la sortie du four, ajouter le fromage de chèvre en miettes et bien mélanger. Vous obtiendrez l'équivalent d'une sauce Mornay au fromage de chèvre. Réserver à température ambiante.

MÉLANGE À FONDUE ÉTAPE 2

Dans une poêle chaude, verser l'huile d'olive et y faire suer l'oignon rouge, le poivron, les champignons, les piments jalapeños et l'ail pendant 5 minutes à feu doux. Ajouter la sauce Mornay (étape 1), puis tous les autres ingrédients. Mélanger uniformément. Verser dans un moule chemisé de pellicule de plastique d'une taille permettant d'étaler le mélange à une épaisseur de 2 cm (3/4 po). Ajouter une pellicule de plastique sur le dessus. Pratiquer quelques incisions pour laisser sortir la vapeur. Réfrigérer pendant 6 heures.

PANURE

Découper le mélange refroidi en languettes de 2,5 cm x 10 cm (1 po x 4 po) et paner à l'anglaise en roulant les languettes dans la farine, puis en les trempant dans le mélange de jaunes d'œufs et de lait et en terminant avec le Panko. Pour une panure plus épaisse, répéter l'opération. Réserver au congélateur.

SALSA D'ACCOMPAGNEMENT

Couper les tomates italiennes en 4, épépiner, puis couper en dés. Sauter dans l'huile d'olive avec l'oignon et l'ail pendant 3 minutes dans l'huile d'olive à feu moyen. Hacher les tiges de coriandre et réserver les feuilles. Ajouter les tiges et tous les autres ingrédients à la salsa et cuire encore 1 minute. Ajouter les feuilles de coriandre fraîche, bien mélanger et réserver au réfrigérateur.

MONTAGE

Frire les fondues dans un bain d'huile bouillante à 180°C (350°F) pendant 3 minutes, puis retirer de l'huile, égoutter et enfourner 3 minutes de plus à 180°C (350°F). Déposer 2 bâtonnets de fromage frit dans chaque assiette, ajouter une cuillère de salsa de tomate et une petite salade de roquette à la vinaigrette au citron.

À savoir

Utilisez un fromage de chèvre de qualité, non affiné ; c'est primordial pour la saveur de cette recette.

•

Ces fondues se congèlent très bien. Faites-en provision et impressionnez vos invités de dernière minute ! Vous pouvez aussi servir la salsa de différentes façons : sur des nachos, en bruschetta ou sur un poisson grillé ou une volaille.

Steve Levasseur : ancien grillardin du Saint-Amour qui avait la réputation de faire les meilleures sauces, il admet lui aussi avoir eu la passion de la cuisine en travaillant aux côtés de Jean-Luc Boulay pendant plusieurs années, dès sa sortie de l'école hôtelière. Il appréciait particulièrement les qualités de pédagogue et la patience de son patron, qui n'hésitait pas à répéter plusieurs fois une procédure à ses employés tant qu'ils ne l'avaient pas bien assimilée. Steve est aujourd'hui chef des cuisines du restaurant SSS (Simple Snack Sympathique), dans le Vieux-Port de Québec, propriété d'un autre ancien du Saint-Amour, Christian Lemelin.

Pouding vapeur aux graines rouges (airelles vigne d'Ida)

RECETTE DE LINDA PELLETIER

POUR 10 À 12 PERSONNES

GÂTEAU

- **375 ml (1 1/2 t) de farine à pâtisserie tamisée**
- **10 ml (2 c. à thé) de poudre à pâte**
- **1 pincée de sel**
- **125 ml (1/2 t) de beurre**
- **250 ml (1 t) de sucre**
- **2 œufs**
- **175 ml (3/4 t) de lait 3,25 %**
- **2,5 ml (1/2 c. à thé) d'essence de vanille**
- **125 ml à 175 ml (1/2 à 3/4 t) de graines rouges**
- **15 ml (1 c. à tab) de farine (pour graines rouges) (airelles rouges)**

SAUCE AU CHOCOLAT

- **250 ml (1 t) de lait 3,25 %**
- **1 carré de chocolat non sucré**
- **15 ml (1 c. à tab) de farine tout usage**
- **125 ml (1/2 t) de sucre**
- **Lait 3,25 % pour délayer, au goût**
- **15 ml (1 c. à tab) de beurre**
- **5 ml (1 c. à thé) d'essence de vanille**

Accord vin

Inniskillin Select Late Harvest, Vidal, Niagara Peninsula

Code SAQ : 398040 – 19, 95 $ (375 ml)

GÂTEAU

Beurrer et fariner un moule à gâteau tubulaire ou à pouding vapeur (muni d'un couvercle). Dans un bol, mélanger tous les ingrédients secs et réserver. Au malaxeur, défaire le beurre en crème avec le sucre. Ajouter les œufs et continuer de battre jusqu'à ce que la préparation forme un ruban.

Sans cesser de battre, ajouter les ingrédients secs et le lait en alternance au mélange de beurre et d'œufs. Aromatiser avec l'essence de vanille. Ajouter les graines rouges légèrement farinées en prenant soin d'en réserver 30 ml (2 c. à tab) pour la décoration du gâteau.

CUISSON

Verser dans le moule et déposer dans une grande casserole d'eau bouillante remplie à la moitié. Vous pouvez, par exemple, utiliser une rôtissoire à dinde munie d'un couvercle et d'une grille. Placer la grille dans le fond de la casserole, disposer le moule dessus, ajouter de l'eau à mi-hauteur, puis couvrir et cuire sur la cuisinière à feu moyen pendant 90 minutes environ, en prenant soin d'ajouter de l'eau régulièrement pour maintenir le niveau.

On peut aussi cuire au four dans un moule tubulaire placé dans une lèchefrite remplie d'eau à 190°C (375°F) pendant environ 90 minutes. Laisser refroidir complètement sur une grille avant de démouler et de servir avec la sauce au chocolat. Vous pouvez aussi cuire ce pouding vapeur dans des moules individuels. Ajuster le temps de cuisson en conséquence.

SAUCE AU CHOCOLAT

Entre-temps, préparer la sauce au chocolat. Faire chauffer le lait et le verser sur le chocolat en fouettant. Mélanger la farine avec le sucre et délayer avec un peu de lait chaud. Incorporer au premier mélange et cuire jusqu'à épaississement en fouettant constamment. Ajouter le beurre sans cesser de fouetter et la vanille. Servir chaud, sur le pouding.

Linda Pelletier : elle a partagé pendant 15 ans le quotidien du chef Boulay, pour qui sa présence positive, sa fiabilité et sa capacité à exceller à tous les postes faisaient d'elle une partenaire indispensable. Sa personnalité enjouée et rassembleuse a aussi fait réaliser à Jean-Luc qu'une cuisine professionnelle équilibrée, performante et harmonieuse se devait d'embaucher au moins autant de femmes que d'hommes. Bien qu'elle soit retournée habiter dans son coin de pays, Linda n'a pas oublié celui qui lui a fait aimer le métier. Elle propose ici un dessert typique de Longue-Pointe-de-Mingan, qu'elle dédie à sa belle-mère récemment disparue, Mme Thérèse Boucher-Méthot.

Envolée d'été

RECETTE D'ISABELLE LÉGARÉ

POUR 6 DESSERTS SUR ASSIETTE

PETITS GÂTEAUX QUATRE-QUARTS AU MIEL
- **100 g de beurre non salé**
- **30 g de sucre**
- **70 g de miel**
- **2 œufs**
- **100 g de farine à pâtisserie**

COMPOTE À LA FRAMBOISE ET AU CASSIS
- **40 g de framboises**
- **40 g de cassis**
- **40 g de sucre**
- **40 g de miel**
- **2 ml de jus de citron**

CASSIS GÉLIFIÉ
- **2 g de gélatine**
- **60 ml d'eau froide**
- **60 g de purée de cassis**
- **15 g de sucre**

CRÈME FOUETTÉE AU MIEL
- **250 ml de crème 35 % très froide**
- **50 g de miel**

SERPENTINS AU CASSIS
- **20 g de beurre non salé**
- **50 g de sucre à glacer**
- **25 g de purée de cassis**
- **13 g de farine tout usage**

(Pour plus de précision, il est préférable de peser tous les ingrédients des desserts. C'est pourquoi les mesures sont données ici uniquement en valeurs métriques.)

PETITS GÂTEAUX QUATRE-QUARTS AU MIEL

Au malaxeur, crémer le beurre avec le sucre et le miel jusqu'à ce qu'ils soient mousseux. Incorporer les œufs un à un et continuer de battre jusqu'à la formation d'un ruban. Ajouter la farine et bien mélanger. Verser dans 6 moules à cakes individuels beurrés et farinés. Cuire à 180°C (350°F) pendant 25 minutes ou jusqu'à ce qu'un cure-dent inséré au centre des gâteaux ressorte propre. Laisser refroidir sur une grille avant de démouler.

COMPOTE À LA FRAMBOISE ET AU CASSIS

Mélanger les framboises et le cassis, ajouter le sucre et le miel. Chauffer et porter à ébullition. Ajouter le jus de citron, mélanger et faire bouillir pendant 1 minute. Refroidir et verser au fond de 6 verrines. Réserver au réfrigérateur.

CASSIS GÉLIFIÉ

Faire gonfler la gélatine dans l'eau froide, puis chauffer en remuant constamment pour bien dissoudre. Mélanger la purée et le sucre et ajouter à la gélatine fondue. Remuer en chauffant à feu doux jusqu'à ce que le sucre soit fondu. Verser sur la compote à la framboise et au cassis dans les verrines et laisser prendre au réfrigérateur.

CRÈME FOUETTÉE AU MIEL

Au malaxeur, monter la crème en pics fermes, puis ajouter le miel. Battre quelques secondes de plus. Verser dans les 6 verrines et lisser la surface. Réserver au réfrigérateur.

SERPENTINS AU CASSIS

Au malaxeur, blanchir le beurre et le sucre à glacer. Ajouter la purée de cassis tempérée et incorporer la farine. Étendre la pâte en longs rubans de 30 cm de long par 1,5 cm de large sur une plaque recouverte d'un tapis à cuisson de silicone ou d'un papier parchemin. Cuire à 165°C (325°F) pendant une dizaine de minutes. Attendre 1 minute avant de donner la forme de serpentins en enroulant la pâte autour d'un moule de forme cylindrique, comme un crayon.

MONTAGE

Sur chaque assiette, placer un gâteau et une verrine. Décorer d'un serpentin au cassis, de groseilles et de framboises fraîches. Peut aussi être accompagné d'un sorbet miel-cassis.

Accord vin

Poiré de Glace, Domaine des Salamandres, Québec

Code SAQ : 11172254 – 22,90 $

Isabelle Légaré : pendant les 10 années qu'il a travaillé avec elle, Jean-Luc Boulay a toujours vanté sa bonne humeur, sa polyvalence de cuisinière et son côté très méticuleux, qui permet d'exceller dans les desserts. Elle dit apprécier la créativité et la précision que la pâtisserie favorise. Pas étonnant qu'elle ait choisi d'aller transmettre sa passion en devenant enseignante en pâtisserie à l'École hôtelière de la Capitale. Histoire de donner envie aux jeunes d'approfondir leurs connaissances, elle organise aussi avec ses collègues des stages à l'étranger auxquels le Saint-Amour s'associe à titre de partenaire.

Christian Lemelin
(sa recette en page 156)

Jean-Luc et Steve Levasseur
(sa recette en page 158)

Linda Pelletier
(sa recette en page 160)

Roland-Alain Blanchet
(sa recette en page 166)

Week-end aux framboises et au chocolat
(recette en page 164)

Week-end aux framboises et au chocolat

RECETTE DE ROLAND-ALAIN BLANCHET

Roland-Alain Blanchet : avec Jean-Luc, il a formé un duo d'attaquants imbattable pendant 18 ans, dont une douzaine d'années passées côte à côte sur la ligne de chaud, à produire quelque 200 repas quotidiens. D'abord cuisinier professionnel, Roland-Alain s'est éventuellement aussi vu confier la section des desserts par son patron. Rebuté au début par cet univers solitaire d'une précision maniaque qu'est le labo du pâtissier, il s'est pris au jeu au point de choisir de s'y consacrer à temps plein et de suivre une multitude de formations en pâtisserie, chocolaterie et décoration. Orfèvre du sucré, on l'a surnommé le Pierre Hermé de la pâtisserie québécoise, en référence à ce grand maître parisien.

POUR 12 PERSONNES

GÂTEAU
- 500 g de pâte d'amande 66 %
- 440 g d'œuf
- 125 g de sucre
- 5 g de poudre à pâte
- 150 g de farine forte (à pâtisserie)
- 40 g de poudre de cacao extra-brute
- 50 g de pâte pure de cacao fondue
- 250 g de beurre
- 30 g d'eau-de-vie à la framboise
- 250 g de pépites d'érable (pour garnir)
- 250 g de framboises fraîches (pour garnir)

INFUSION DE FRAMBOISE À LA VANILLE
- 300 g de framboises fraîches
- 150 g de sucre
- 1 gousse de vanille fendue
- 1 g de poudre de vanille
- Eau-de-vie de framboise (au goût)

GLACE AU POIVRE DE SICHUAN
- 400 g de lait entier 3,25 %
- 400 g de crème 35 %
- 16 g de poivre de Sichuan
- 200 g de jaune d'œuf
- 140 g de sucre

GELÉE NOIRE
- 240 g de crème 35 %
- 288 g d'eau
- 360 g de sucre
- 120 g de poudre de cacao extra-brute
- 6 g de gélatine gonflée dans de l'eau froide

FONDANT CHOCOLAT MANJARI
- 250 g de crème 35 %
- 250 g de lait entier 3,25 %
- 100 g de jaune d'œuf
- 50 g de sucre
- 1 gousse de vanille fendue
- 420 g de chocolat Valrhona Manjari 64 %

CAVIAR DE FRAMBOISES
- 500 g d'huile de pépins de raisin très froide
- 325 g de purée de framboises sans pépins
- 30 g de glucose
- 30 g de sucre
- 1 g d'agar-agar

PERLES D'EAU-DE-VIE DE FRAMBOISE
- 500 ml d'huile de pépins de raisin très froide
- 100 g d'eau
- 100 g d'eau-de-vie de framboise
- 15 g de glucose
- 15 g de sucre
- 1 g d'agar-agar
- 75 g d'eau-de-vie de framboise pour la fin

(Cette recette requiert de peser tous les ingrédients, même les liquides. C'est pourquoi les mesures sont données ici uniquement en valeurs métriques.)

Accord vin

Mumm Cordon Rouge Brut Champagne

Code SAQ : 00308056 – 59 $

GÂTEAU

Au malaxeur, crémer la pâte d'amande avec la moitié des œufs pendant environ 10 minutes. Ajouter ensuite le reste des œufs petit à petit, et battre jusqu'à ce que le mélange soit homogène et lisse. Préparer les éléments secs ensemble. Fondre la pâte de cacao avec le quart du beurre et ajouter les éléments secs au mélange de pâte d'amande. Finir avec le beurre et la pâte de cacao et ajouter l'eau-de-vie de framboise. Verser dans 12 moules à cakes individuels et cuire 16 minutes dans un four ventilé (à convection) à 150°C (300°F). Au sortir du four, laisser reposer quelques minutes, puis démouler et plonger dans l'infusion de framboise à la vanille pour gorger les gâteaux de sirop. Retirer du sirop et laisser égoutter. Réserver.

INFUSION DE FRAMBOISE À LA VANILLE

Bien mélanger tous les ingrédients, sauf l'eau-de-vie. Mettre à cuire au bain-marie pendant 50 minutes en recouvrant d'une pellicule de plastique pour bien obturer toute la surface du plat. Laisser reposer pour refroidir, puis passer au chinois très fin. Aromatiser, au goût, avec de l'eau-de-vie de framboise.

GLACE AU POIVRE DE SICHUAN

Dans une casserole, faire chauffer le lait, la crème et le poivre de Sichuan sans bouillir et laisser infuser pendant 20 minutes. Au malaxeur, blanchir les jaunes d'œufs avec le sucre. Réchauffer avec quelques cuillères de liquide chaud, avant de verser dans la casserole et de chauffer le mélange jusqu'à une température de 85°C en brassant constamment au fouet. Plonger la casserole dans de l'eau glacée pour refroidir la préparation, en remuant fréquemment, puis passer au chinois. Laisser reposer 12 heures au réfrigérateur, avant de turbiner à la sorbetière et de réserver au congélateur.

GELÉE NOIRE

Dans une casserole, porter à ébullition la crème, l'eau, le sucre et le cacao. Amener à ébullition en brassant au fouet constamment. Ajouter la gélatine gonflée et bien mélanger. Une fois la température de 103°C atteinte, réserver au réfrigérateur.

FONDANT CHOCOLAT MANJARI

Dans une casserole, faire chauffer la crème, le lait, les jaunes d'œufs, le sucre et la vanille sans bouillir. Réserver à couvert pendant 20 minutes. Retirer la gousse de vanille. Faire chauffer de nouveau doucement à 85°C, retirer du feu et passer au chinois. Lorsque la crème anglaise est chaude, verser sur le chocolat concassé et émulsionner à la maryse (spatule de caoutchouc) afin d'obtenir une texture lisse, brillante et élastique en prenant soin de ne pas incorporer d'air. Couler dans les moules à cakes individuels et les remplir au tiers. Réfrigérer pendant 24 heures. Recouvrir le dessus du fondant crémeux Manjari de pellicule de plastique.

CAVIAR DE FRAMBOISES

Plusieurs heures d'avance, mettre l'huile de pépins de raisin au réfrigérateur dans un bol. Dans une casserole, faire bouillir la purée de framboises avec le glucose. Dans un bol, mélanger le sucre et l'agar-agar. Verser en pluie l'agar-agar et le sucre sur la purée.

Cuire de 3 à 5 minutes. Laisser reposer 10 minutes, puis verser dans une petite pipelette ou une seringue et couler goutte à goutte dans l'huile de pépins de raisin très froide (la température doit être entre 0°C et 4°C). Cela permettra au caviar de prendre.

PERLES D'EAU-DE-VIE DE FRAMBOISE

Plusieurs heures d'avance, mettre l'huile de pépins de raisin au réfrigérateur dans un bol. Dans une casserole, faire bouillir l'eau, 100 g d'eau-de-vie et le glucose. Dans un bol, mélanger le sucre et l'agar-agar. Verser en pluie l'agar-agar et le sucre sur le mélange d'eau-de-vie et cuire de 3 à 5 minutes. Retirer du feu et ajouter les 75 g d'eau-de-vie de framboise restants.

Laisser reposer 10 minutes, puis verser dans une petite pipelette ou une seringue et couler goutte à goutte dans l'huile de pépins de raisin très froide (la température doit être entre 0°C et 4°C). Cela permettra aux perles de prendre.

MONTAGE DU GÂTEAU

Étaler sur les gâteaux une fine couche de gelée noire. Garnir de pépites d'érable, puis démouler les fondants crémeux Manjari et les répartir sur les gâteaux. Ajouter une autre fine couche de gelée noire, puis garnir en abondance de caviar et de perles de framboise. Déposer dans les assiettes de service, ajouter une quenelle de glace au poivre de Sichuan à côté des gâteaux et décorer avec des framboises fraîches.

DIJON
MISSION HILL

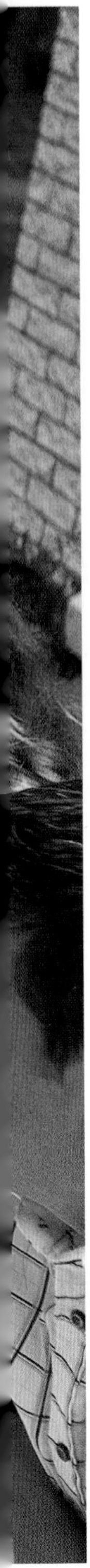

CUISINER EN FAMILLE ET ENTRE AMIS

La famille Boulay est un clan tissé serré où le souper du dimanche est une tradition incontournable. « Je cuisine pour la famille des plats conviviaux, que je place directement sur la table, où les poissons et les légumes ont une grande importance », d'expliquer Jean-Luc. Pour Frédéric, l'aîné, qui fait une brillante carrière de chef à l'international avec sa femme Claudia, rien ne vaut de poser armes et bagages à la maison pour déguster une grillade et la sauce béarnaise de son père. « Je ne connais aucun cuisinier qui réussisse mieux les sauces ! » lance-t-il avec enthousiasme, lors d'une escale estivale. Les entrées sont simples : belles salades, tomates farcies, saumon fumé. Le repas se termine toujours avec une assiette de fromages au lait cru, dont plusieurs québécois. Comme Frédéric, Bastien, le cadet, est un passionné de voyages qui étudie en commerce international à l'Université de Toronto. Lui aussi adore manger et est curieux des coutumes culinaires des autres cultures, ayant participé à plusieurs échanges à l'étranger, en plus des équipées vécues en famille depuis l'enfance. Récemment, il a rapporté de Corée d'intéressants condiments et des thés rarissimes, qu'il s'est empressé de faire découvrir au clan. Des moments d'autant plus précieux pour Jean-Luc et Linda qu'il leur est devenu difficile de réunir les trois enfants et leurs conjoints à la même table en raison de ces tempéraments de globe-trotters et d'horaires surchargés.

PASSION CUISINE PARTOUT, TOUJOURS

Mais certaines habitudes gourmandes ont évolué récemment parce que Sabrina, la fille de Jean-Luc et de Linda, est chiropraticienne et passionnée de santé au naturel. Elle a sensibilisé ses parents à l'importance de réduire les gras saturés et le sucre raffiné, d'accorder encore plus de place aux légumes et d'opter pour des aliments biologiques dans la mesure du possible. Jean-Luc apprécie ses conseils et souscrit aux idées de sa fille. « Sabrina m'a fait connaître des ingrédients intéressants, comme le lait d'amande et de soja ou les graines de chia ; c'est elle qui est derrière l'idée de créer une pâte à tartiner aux noisettes et au chocolat sans produits laitiers pour les gens intolérants au lactose. À sa façon, elle contribue à faire évoluer ma cuisine ! »

D'ailleurs, Jean-Luc aime beaucoup adapter sa cuisine aux circonstances, que ce soit une rencontre qui sort de l'ordinaire, un voyage de chasse, un week-end à la campagne ou un séjour à l'étranger. Lorsqu'il est en vacances, il constate qu'il s'ennuie rapidement s'il ne peut pas avoir accès à différentes ressources gourmandes et à une cuisine tellement toutes les passions de sa vie s'articulent autour de la nourriture et les englobent.

« En voyage, cuisiner me détend et cela devient mon outil pour découvrir la culture locale, les habitudes de vie des gens, l'histoire d'un pays, son évolution », résume celui qui ne retire jamais sa toque de chef, sauf pour dormir… C'est pourquoi la visite des marchés en plein air, des étals de poisson dans les villes côtières et des boutiques de produits locaux figure toujours en tête de ses priorités de voyage, qu'il soit au Costa Rica, en Jamaïque, en Espagne, au Japon ou en Italie. Quelques semaines avant le départ, sa conjointe Linda fait des recherches pour découvrir les lieux susceptibles d'intéresser son passionné de mari et elle prépare un itinéraire en conséquence. Pour Jean-Luc, le fait de cuisiner en voyage, c'est aussi l'occasion de mettre la main sur des produits inusités et souvent d'une grande fraîcheur tout en prenant plaisir à rencontrer d'autres professionnels des métiers de bouche.

Mais à l'instar de bien des chefs, il se plaint d'être rarement reçu à souper, plusieurs copains s'avouant trop intimidés pour oser recevoir un grand chef à leur table. Pourtant, rien ne lui fait plus plaisir. « J'ai des goûts simples et un faible pour la cuisine québécoise traditionnelle comme celle que ma belle-mère servait à Noël : ragoût de pattes, cretons, pâtés à la viande, jambon à l'érable », explique-t-il. Lui-même admet qu'il n'en cuisine pas. Son plat préféré ? Une tourtière du Lac-Saint-Jean, comme celle que des amis lui ont préparée pour son anniversaire, au retour d'une journée de ski de fond.

PLEIN AIR ET BONNE CHÈRE

Coralie, l'aînée des filles de Sabrina et de Christian, passe déjà beaucoup de temps en cuisine avec son papi, qui lui enseigne à garnir les amuse-gueule, à fabriquer des animaux comestibles ou à cueillir les légumes dans le jardin situé derrière la maison de campagne. « J'aime cette façon ludique d'éveiller sa curiosité face à la nourriture et de lui donner envie de goûter à tout », explique Jean-Luc.

C'est José, l'inséparable ami de Jean-Luc et son partenaire de chasse au perdreau, qui prépare le jardin chaque été, s'assurant de bien le pourvoir en tomates, en fines herbes et en haricots portugais, lesquels accompagneront à merveille le méchoui annuel que les deux compères préparent pour les amis et la famille avec l'aide de leurs épouses Linda et Christiane. La maison de campagne des Boulay, située sur le bord d'un grand lac, est voisine de celle de José et de Christiane. Elle représente un autre lieu de rassemblement important, où les proches se retrouvent régulièrement pour pratiquer leurs activités de plein air favorites, comme la randonnée en forêt, la baignade ou la planche à voile.

Mais la bonne chère demeure le thème central de toutes les rencontres. Par exemple, la famille Boulay a embrassé le kayak de mer il y a quelques années et, les amis aidant (dont plusieurs chefs), on a créé un club de kayakistes informel, qui se retrouve plusieurs fois par été. Inutile de dire que pas une expédition ne s'organise sans que l'on planifie minutieusement le pique-nique et les collations. Salades-repas en portions individuelles, saucisson sec, fromages, crudités, sandwichs gourmet, cakes salés et petits gâteaux sont quelques-uns des plats que Jean-Luc s'amuse à préparer pour l'occasion. La bouteille de rosé est aussi du voyage ! Chef Boulay veille à ce que tout soit soigneusement emballé et placé sur glace, afin de garantir la fraîcheur des mets à une température avoisinant les 4 degrés Celsius, pour éviter tout risque de contamination.

Outre les pique-niques de kayak et les méchouis, chaque fin de semaine de beau temps, on cuisine sur le gril : steak d'orignal, burgers de bison, côtelettes ou gigot d'agneau comptent parmi les favoris de ces repas en plein air fort animés.

On s'offre aussi des festins saisonniers, avec les crevettes nordiques, le crabe des neiges ou le homard. Jean-Luc accompagne ces plats simples de pommes de terre, d'une salade du jardin, de fromages fins et de bonnes bouteilles. Au retour de la pêche ou de la chasse, c'est encore l'occasion de préparer des festins que l'on déguste en groupe. Le souper s'étire jusqu'au moment du porto, que Linda sert devant le feu de camp, pour le plaisir d'observer les étoiles.

AUTOUR DE LA PISCINE ET SORTIES EN KAYAK

Têtes de champignons farcies, sauce tartare et semoule de brocoli

POUR 2 DOUZAINES ENVIRON

- **1 bouquet de brocoli**
- **1 kg (2,2 lb) de champignons de Paris blancs**
- **1 citron**
- **100 ml (7 c. à tab) de sauce tartare (voir recette ci-après)**
- **Fleurs comestibles pour garnir**

SAUCE TARTARE

- **30 ml (2 c. à tab) de mayonnaise**
- **15 ml (1 c. à tab) de crème 35 %**
- **15 ml (1 c. à tab) de câpres hachées**
- **3 petits cornichons non sucrés hachés**
- **45 ml (3 c. à tab) de fines herbes ciselées (persil, cerfeuil, estragon, ciboulette)**
- **Sel, poivre, tabasco, au goût**

Accord vin

Les Champs de Florence, Domaine du Ridge rosé, Saint-Armand

Code SAQ : 00741702 – 14,95 $

À l'aide d'un petit couteau bien aiguisé, gratter délicatement le haut des bouquets de brocoli pour en détacher les grains (la semoule). Conserver le reste pour une soupe ou une salade. Réserver. Retirer la queue des champignons et les évider partiellement avec une cuillère parisienne. Les citronner aussitôt afin qu'ils ne noircissent pas. Remplir de sauce tartare et parsemer de semoule de brocoli. Garnir avec les fleurs comestibles.

SAUCE TARTARE

Mélanger tous les ingrédients et placer dans un contenant hermétique. Réfrigérer.

VARIANTES

Vous pouvez également farcir ces champignons de caviar d'aubergine (voir recette en page 114) ou d'une marinière de légumes (voir recette en page 239). Ils seront également délicieux garnis d'œufs durs, de crevettes nordiques, de moules cuites, etc.

Tomates cerises farcies au fromage de chèvre, pesto de roquette et guimauves au parmesan

POUR 4 PERSONNES

PESTO DE ROQUETTE

- **50 g (1 1/2 oz) de jeunes feuilles de roquette**
- **100 ml (7 c. à thé) d'huile d'olive extra-vierge**
- **1 gousse d'ail**
- **10 ml (2 c. à thé) de noix de pin grillées**
- **50 g (1 1/2 oz) de parmesan reggiano**

TOMATES CERISES FARCIES AU FROMAGE DE CHÈVRE

- **250 g (8 oz) de fromage de chèvre Jac le Chevrier**
- **15 ml (1 c. à tab) d'huile d'olive extra-vierge**
- **25 ml (5 c. à thé) de fines herbes fraîches hachées (persil, estragon, ciboulette, cerfeuil), au goût**
- **20 ml (4 c. à thé) de vinaigre balsamique blanc**
- **100 ml (7 c. à tab) de crème 35 %**
- **Fleur de sel, poivre blanc, piment d'Espelette, au goût**
- **12 à 15 tomates cerises de couleurs variées**
- **20 ml (4 c. à thé) de tapenade d'olives noires** **(voir recette en page 238)**

POUR 15 À 20 GUIMAUVES

GUIMAUVES AU PARMESAN

- **400 ml (1 2/3 t) de lait 3,25 %**
- **80 g (2 oz) de parmesan reggiano**
- **3 g (peser) d'agar-agar**
- **2 blancs d'œufs**

Accord vin

Chardonnay unoaked Kim Crawford, Marlborough

Code SAQ : 10669470 – 18,95 $

PESTO DE ROQUETTE

Au robot, mixer tous les ingrédients et réserver au froid. Passer au tamis, si désiré, pour une texture plus fine.

TOMATES FARCIES

Au robot, mélanger le fromage avec l'huile d'olive, les fines herbes, le vinaigre balsamique, la crème, le sel, le poivre et le piment d'Espelette et mixer jusqu'à l'obtention d'une mousse lisse. Rectifier l'assaisonnement et réserver au réfrigérateur. Couper les tomates et les évider à l'aide d'une cuillère parisienne. Assaisonner de fleur de sel et de poivre et farcir avec la mousse de fromage. Sur des assiettes, disposer le pesto de roquette et déposer dessus les tomates farcies, puis décorer de tapenade. Vous pouvez aussi utiliser du fromage à la crème.

GUIMAUVES AU PARMESAN

Dans une casserole, faire bouillir le lait avec la moitié du parmesan. Hors du feu, ajouter l'agar-agar. Bien mélanger, puis passer au chinois et laisser refroidir pendant quelques minutes.

Monter les blancs d'œufs en neige ferme et les incorporer au mélange de lait au parmesan. Attention : l'agar-agar ne doit pas avoir pris avant l'incorporation des blancs en neige.

Verser dans un moule chemisé de pellicule de plastique, puis réserver au réfrigérateur. Tailler les guimauves en cubes et les rouler dans le parmesan. Servir.

Fraîcheur de crabe des neiges à l'écrasé d'avocat au sésame

POUR 4 PERSONNES

- **2 avocats mûrs**
- **Le jus de 1 citron vert**
- **1 petite échalote grise ciselée**
- **45 ml (3 c. à tab) d'huile de sésame rôti**
- **Fleur de sel, poivre du moulin, tabasco**
- **100 g (3 oz) de chair de crabe des neiges cuite**
- **Croustilles de maïs**

Accord vin

Château du Cléray Muscadet Sèvre et Maine sur lie 2009
Code SAQ : 00167379 – 14,80 $

Éplucher les avocats et les écraser avec une fourchette. Ajouter le jus de citron vert, l'échalote, l'huile de sésame, le sel, le poivre et le tabasco. Ajouter à cette préparation la chair de crabe, mélanger délicatement et servir aussitôt avec des croustilles.

À savoir

Cette préparation est idéale au début du mois de mai, avec l'arrivée du crabe des neiges.

•

On peut ajouter à cette recette des suprêmes d'agrume et des herbes fraîches.

Ravioles de pétoncles marinés à l'orange sur plumes d'endive

POUR 4 PERSONNES

- **2 oranges**
- **300 g (9 oz) de gros pétoncles bien frais**
- **Fleur de sel, poivre du moulin**
- **5 ml (1 c. à thé) de sucre**
- **20 ml (4 c. à thé) d'échalote grise finement hachée**
- **1 gousse d'ail finement hachée**
- **45 ml (3 c. à tab) de Noilly Prat**
- **100 ml (7 c. à tab) d'huile d'olive extra-vierge**
- **2 citrons**
- **10 ml (2 c. à thé) de gingembre frais, râpé**
- **Tabasco, au goût**
- **2 endives (1 blanche, 1 rouge)**

Accord vin

Laroche, Chardonnay de la Chevalière

Code SAQ : 572636 – 13,95 $

Zester les oranges et les tailler à vif afin de lever les suprêmes. Couper les pétoncles en deux sur l'épaisseur et les ouvrir délicatement en portefeuille. Assaisonner de fleur de sel, de poivre et de sucre et les farcir d'un suprême d'orange. Déposer dans un plat creux et ajouter l'échalote, l'ail, le Noilly Prat, l'huile d'olive, le zeste d'une orange, le zeste et le jus des citrons, le gingembre et le tabasco. Laisser mariner pendant une trentaine de minutes.

Tailler les endives en forme de plumes et déposer dessus un raviole de pétoncle à l'orange. Ajouter un peu de marinade et servir aussitôt.

À savoir

L'orange peut être remplacée par un morceau de fraise, de pamplemousse ou de melon.

Carrés briochés au saumon fumé, roquette, sauce tartare et œuf dur

POUR 4 PERSONNES

- **2 œufs durs (cuits 8 minutes)**
- **Beurre pommade, au goût (pour tartiner)**
- **8 tranches de pain brioché**
- **60 ml (1/4 t) de sauce tartare (voir recette Champignons farcis en page 174)**
- **200 g (6 oz) de saumon fumé**
- **Mini- roquette, au goût**
- **Poivre du moulin, au goût**

Accord vin

Chardonnay Gran Vina Sol Torres Penedès

Code SAQ : 00064774 – 16,95 $

Trancher les œufs. Beurrer les tranches de pain brioché, ajouter la sauce tartare, les tranches d'œufs, le saumon fumé et la mini-roquette. Ajouter de la sauce tartare et poivrer généreusement.

Assembler les sandwichs, envelopper de pellicule de plastique et réfrigérer.

Petits gâteaux au jambon fermier et au fromage Le Gaulois

POUR 12 PETITS GÂTEAUX SALÉS

- **200 g (7 oz) de jambon fermier**
- **200 g (7 oz) de fromage Le Gaulois**
- **45 ml (3 c. à tab) d'olives noires Kalamata**
- **3 œufs**
- **150 ml (2/3 t) de lait 3,25 %**
- **45 ml (3 c. à tab) d'huile d'olive**
- **Fleur de sel et poivre du moulin, au goût**
- **200 g (7 oz) de farine tout usage**
- **10 ml (2 c. à thé) de poudre à pâte**
- **1 pincée d'origan**

Accord vin

L'Orpailleur blanc, vignoble de l'Orpailleur, Dunham
Code SAQ : 00704221 – 13,75 $

Couper le jambon et le fromage en cubes. Dénoyauter et hacher les olives. Battre les œufs avec le lait, l'huile d'olive, le sel et le poivre. Ajouter la farine tamisée avec la poudre à pâte et mélanger. Ajouter les cubes de jambon et de fromage et les olives dénoyautées. Parfumer d'origan.

Beurrer 12 moules à muffins et les remplir aux trois quarts. Cuire au four pendant 15 minutes à 180°C (350°F). À la sortie du four, refroidir 20 minutes sur une grille et démouler. Envelopper ces petits gâteaux dans du papier d'aluminium lorsqu'ils sont encore tièdes.

À savoir

Ces petits gâteaux sont parfaits pour les sorties en plein air, car ils calment la faim. Ils se dégustent froids et sont encore meilleurs tièdes.

Salade de légumes grillés et marinés au chia, feta de brebis

POUR 4 PERSONNES

- **1 poivron rouge, 1 vert, 1 jaune, 1 orange**
- **1 courgette, avec la pelure**
- **1 petit oignon rouge**
- **30 ml (2 c. à tab) d'huile d'olive extra-vierge (pour badigeonner les légumes)**
- **Vinaigrette maison, au goût (voir recette « Ma vinaigrette préférée » en page 241)**
- **2 tomates séchées (dans l'huile), hachées finement**
- **2 cœurs d'artichaut marinés, hachés**
- **12 olives noires Kalamata dénoyautées et hachées**
- **10 ml (2 c. à thé) de câpres égouttées et rincées**
- **Fines herbes au choix, au goût**
- **100 g (3 oz) de fromage feta de brebis**
- **60 ml (4 c. à tab) de graines de chia (ou au goût)**

Accord vin

Marqués de Caceres, rosé 2010, Rioja, Espagne

Code SAQ : 10263242 – 14,40 $

Couper les poivrons en lanières et trancher la courgette en rondelles. Émincer l'oignon en fins quartiers. Badigeonner d'huile d'olive et griller le tout au barbecue ou au four à 230°C (450°F) en remuant à l'occasion.

Dans un saladier, mélanger les légumes avec la vinaigrette, puis ajouter le reste des ingrédients (sauf les graines de chia) et le fromage feta. Garnir avec les graines de chia et déguster. C'est une salade qui peut se préparer d'avance (sauf pour l'ajout des graines de chia), car elle se bonifie en marinant avec la vinaigrette.

À savoir

Les graines de chia ne se cuisent pas, mais elles peuvent servir de liant pour les potages ou des sauces. C'est un produit qui demande à être connu et consommé régulièrement pour ses vertus nutritives (riche en fibres, en protéines et en antioxydants).

REPAS DU DIMANCHE

Salade de haricots verts et jaunes à l'effiloché d'émeu fumé

POUR 4 PERSONNES

- **400 g (14 oz) de haricots verts et jaunes très frais**
- **50 g (1 1/2 oz) de fèves germées**
- **50 g (1 1/2 oz) d'échalote grise hachée finement**
- **80 g (3 oz) d'émeu fumé tranché finement**
- **Fines herbes : cerfeuil, basilic, persil plat, ciboulette, au goût**
- **Sel fin, gros sel, poivre du moulin, au goût**
- **4 tomates cerises de différentes couleurs, en quartiers**
- **30 g (1/4 t) de graines de citrouille ou de noix de Grenoble**

VINAIGRETTE

- **10 ml (2 c. à thé) de moutarde de Dijon**
- **1 gousse d'ail hachée finement**
- **20 ml (4 c. à thé) de vinaigre de xérès**
- **Sel, poivre, tabasco, au goût**
- **45 ml (3 c. à tab) d'huile de noisette**
- **45 ml (3 c. à tab) de crème 35 %**

HARICOTS

Laver et parer les haricots. Dans une casserole, faire bouillir de l'eau salée avec 20 ml (4 c. à thé) de gros sel par litre d'eau et y plonger les haricots verts. Cuire à découvert à forte ébullition, puis transférer dans un bain d'eau glacée pour interrompre la cuisson et fixer la couleur. Égoutter et éponger sur des essuie-tout. Répéter l'opération avec les haricots jaunes.

VINAIGRETTE

Dans un bol, mélanger au fouet tous les ingrédients de la vinaigrette, sauf l'huile et la crème. Ajouter l'huile de noisette, puis la crème, sans cesser de fouetter.

DRESSAGE

Dans un saladier, mélanger les haricots verts et jaunes, les fèves germées, l'échalote grise, l'émeu, la vinaigrette et les fines herbes. Saler, poivrer et touiller délicatement. Dresser avec les petites tomates, parsemer de graines de citrouille et d'herbes fraîches.

Accord vin

Brouilly Sous les Balloquets, Louis Jadot, Bourgogne

Code SAQ : 515841 – 20,65 $

Salade de chou-rave au saumon mariné à l'orange, jeune roquette et noix de pin grillées

POUR 6 PERSONNES

SAUMON MARINÉ À L'ORANGE

- **100 g (3 oz) de gros sel**
- **50 g (3 c. à tab) de sucre**
- **10 ml (2 c. à thé) de poivre blanc concassé**
- **1 petit filet de saumon frais de 500 g (1 lb)**
- **3 petites carottes de couleur en fines rondelles**
- **1 petit oignon rouge en fines rondelles**
- **Le zeste de 1 orange**
- **Huile d'olive, au goût**

GARNITURE

- **2 choux-raves épluchés**
- **100 ml (7 c. à tab) de vinaigrette**
- **Le jus et les suprêmes de 1 orange, séparés**
- **30 ml (2 c. à tab) de Noilly Prat (facultatif)** **(voir « Ma recette de vinaigrette préférée » en page 241)**
- **Sel, poivre, tabasco, au goût**
- **Mini-roquette, au goût (pour garnir)**
- **Noix de pin grillées, au goût (pour garnir)**

SAUMON MARINÉ À L'ORANGE

Mélanger le gros sel, le sucre et le poivre concassé et en recouvrir les 2 côtés du saumon. Mettre dans un plat de verre et mariner au réfrigérateur pendant 24 heures. Le lendemain, rincer le saumon à l'eau froide et bien l'éponger avec des essuie-tout. Couper en cubes, ajouter les fines rondelles de carotte et d'oignon et le zeste d'orange. Ajouter l'huile d'olive et laisser reposer au réfrigérateur (cette préparation se conserve pendant 1 semaine).

GARNITURE

Tailler le chou-rave en petits cubes et blanchir quelques minutes à l'eau bouillante salée (doit demeurer al dente). Plonger dans un bain d'eau glacée pour arrêter la cuisson, égoutter et éponger avec des essuie-tout. Préparer ensuite la vinaigrette en ajoutant le Noilly Prat et le jus de l'orange.

DRESSAGE

Mélanger le chou-rave, le saumon mariné avec sa garniture et les suprêmes d'orange, puis arroser avec la vinaigrette. Vérifier l'assaisonnement et dresser en ajoutant la micro-roquette et les noix de pin grillées.

Accord vin

Fleur du Cap, Chardonnay, Afrique du Sud

Code SAQ : 340406 – 14,35 $

Verrines de crevettes nordiques aux pommes acidulées et aux cœurs de céleri

POUR 4 PERSONNES

- **200 g (6 oz) de crevettes nordiques**
- **1 pomme Granny Smith en petits dés**
- **45 ml (3 c. à tab) de cœur de céleri émincé finement (réserver les feuilles pour la garniture)**
- **45 ml (3 c. à tab) de mayonnaise**
- **20 ml (4 c. à thé) de ciboulette**
- **Le jus de 1 citron**
- **Sel de céleri, poivre, tabasco ou piment d'Espelette, au goût**
- **Crevettes nordiques (pour garnir)**
- **Poudre de corail de homard (pour garnir)**

Accord vin

Aveleda Fonte, Vinho Verde, Portugal

Code SAQ : 5022 – 10,65 $

Dans un saladier, mettre les crevettes nordiques, les cubes de pomme et le céleri. Ajouter la mayonnaise, la ciboulette ciselée, le jus de citron et assaisonner. Mélanger délicatement et rectifier l'assaisonnement. Dresser joliment dans des verrines et décorer avec les feuilles de céleri, quelques crevettes et de la poudre de corail de homard.

À savoir

La mayonnaise peut être remplacée par de la crème sure ou du yogourt, les pommes par du melon ou de la mangue et les crevettes par des morceaux de homard cuit.

Pavés de truite de mer et courgette fleur, vapeur de thym citronné, sauce vierge aux coquillages

POUR 4 PERSONNES

- **4 fleurs de courgette**
- **200 g (6 oz) de riz cuit**
- **1 petite courgette verte**
- **1 petite courgette jaune**
- **4 pavés de truite de 160 g (5 1/2 oz) chacun**
- **Mélange d'épices à poisson, au goût (voir recette en page 241)**
- **Sel et poivre, au goût**
- **1 branche de thym citronné**
- **Huile d'olive extra-vierge, au goût**
- **250 ml (1 t) de sauce vierge aux coquillages (voir recette en page 240)**

Accord vin

Domaine des Huards 2010, Cheverny

Code SAQ : 961607 – 17,60 $

Laver délicatement les fleurs de courgette. Enlever le pistil et farcir de riz cuit. Couper les courgettes en fines rondelles et blanchir rapidement à l'eau bouillante. Plonger dans l'eau glacée, égoutter et éponger avec des essuie-tout. Assaisonner les pavés de truite avec le mélange d'épices à poisson et recouvrir de tranches de courgette en alternant les couleurs. Assaisonner de sel et de poivre et parsemer de thym citronné et de quelques gouttes d'huile d'olive. Cuire à la vapeur à 50°C (122°F) pendant 5 minutes avec les fleurs de courgette farcies. Dresser sur des assiettes chaudes et servir avec la sauce vierge aux coquillages.

À savoir

Vous pouvez remplacer la truite par du saumon et servir avec la sauce vierge de votre choix.

Gros pétoncles à la gremolata, concassé de tomate et coulis d'herbes fraîches

POUR 4 PERSONNES

GREMOLATA

- **Le zeste de 1 orange**
- **Le zeste de 1 citron**
- **20 ml (4 c. à thé) de persil plat haché finement**
- **1 gousse d'ail hachée finement**

PÉTONCLES

- **600 g (1 1/4 lb) de gros pétoncles**
- **Sel, poivre, piment d'Espelette, au goût**
- **20 ml (4 c. à thé) d'huile d'olive extra-vierge**
- **20 ml (4 c. à thé) de beurre**
- **200 g (6 oz) de concassé de tomate (voir recette en page 239)**

COULIS D'HERBES FRAÎCHES

- **45 ml (3 c. à tab) d'herbes fraîches (persil plat, basilic, estragon, ciboulette)**
- **200 ml (3/4 t) de crème 35 %**
- **Basilic en feuille (pour garnir)**

Accord vin

Nero d'Avola Era Sicilia IGT

Code SAQ : 11015620 – 15,45 $

GREMOLATA

Blanchir et hacher finement les zestes d'agrume. Mélanger avec le persil haché et l'ail.

PÉTONCLES

Retirer les muscles des pétoncles (petit morceau dur sur le côté). Réserver pour la sauce. Assaisonner les pétoncles. Dans une poêle, chauffer l'huile d'olive et le beurre. Colorer les pétoncles à feu vif pendant 1 minute de chaque côté. Retirer de la poêle et recouvrir de gremolata. Garder au chaud en couvrant de papier d'aluminium. Entre-temps, réchauffer le concassé de tomate.

COULIS D'HERBES FRAÎCHES

Dans une petite casserole, faire bouillir de l'eau très salée et y blanchir les herbes fraîches 15 secondes. Plonger aussitôt dans un bain d'eau glacée, essorer et assécher sur des essuie-tout. Dans la poêle de cuisson, ajouter les muscles des pétoncles et déglacer avec la crème. Ajouter les herbes blanchies et mijoter pendant 1 minute, le temps que les herbes infusent.

Mixer le tout au Thermomix ou au mélangeur et passer au tamis fin en pressant fortement pour récupérer le maximum de saveur. On doit obtenir une sauce onctueuse, lisse et d'une belle couleur verte. Rectifier l'assaisonnement.

DRESSAGE

Sur des assiettes chaudes, déposer au centre un peu de concassé de tomate, disposer les pétoncles et garnir de crème aux herbes. Décorer de basilic.

À savoir

Le fait de blanchir rapidement les herbes fraîches dans l'eau bouillante fortement salée (30 g de gros sel par litre d'eau) et de les rafraîchir rapidement permet de fixer la chlorophylle afin d'avoir une belle couleur et de réduire l'amertume.

Recette préférée de ma femme Linda

Poêlée de crevettes, sauce cari-coco-safran, basmati à la brunoise de légumes

POUR 4 PERSONNES

CREVETTES

- **24 grosses crevettes avec carapaces**
- **25 ml (5 c. à thé) d'huile d'olive extra-vierge**
- **25 ml (5 c. à thé) de beurre**
- **Sel, poivre et safran, au goût**
- **5 g (1 c. à thé) de poudre de cari de Madras**
- **100 ml (7 c. à tab) de lait de coco non sucré**
- **100 ml (7 c. à tab) de crème 35 %**
- **100 ml (7 c. à tab) de concassé de tomate (voir recette en page 239) ou de sauce tomate**
- **Riz basmati à la brunoise de légumes (voir recette ci-après)**

POUR 8 PORTIONS

RIZ BASMATI À LA BRUNOISE DE LÉGUMES

- **500 g (1 lb) de riz basmati**
- **100 g (3 oz) d'oignon**
- **45 ml (3 c. à tab) de beurre**
- **625 ml (2 1/2 t) d'eau**
- **1 branche de thym**
- **Sel, au goût**

BRUNOISE DE LÉGUMES

- **100 g (3 oz) de carotte pelée**
- **100 g (3 oz) de courgette**
- **1 poivron rouge**
- **1 poivron jaune**
- **45 ml (3 c. à tab) de beurre**
- **Fines herbes fraîches, au goût**
- **Sel et poivre, au goût**

Accord vin

Vent d'ouest, Domaine du Ridge, Québec

Code SAQ : 928523 – 14,75 $

CREVETTES

Retirer les carapaces. Dans une grande poêle, faire revenir rapidement les crevettes à l'huile d'olive et au beurre jusqu'à ce qu'elles deviennent tout juste rosées. Assaisonner de sel, de poivre, d'une pincée de safran et de cari. Ajouter le lait de coco, la crème et le concassé de tomate. Mijoter le tout pendant 2 minutes et réserver au chaud.

RIZ BASMATI À LA BRUNOISE DE LÉGUMES

Laver le riz et bien l'égoutter. Hacher l'oignon et faire revenir au beurre dans une poêle à feu moyen. Ajouter le riz, bien remuer pour l'enduire de beurre (le nacrer), puis ajouter l'eau, le thym et le sel. Porter à ébullition, réduire le feu au minimum, couvrir et laisser frémir doucement pendant 15 minutes.

Entre-temps, tailler les légumes en brunoise. Faire cuire au beurre dans une poêle à feu moyen-doux, avec le sel. Ajouter un peu d'eau, couvrir et laisser cuire doucement jusqu'à tendreté. Incorporer les fines herbes (persil, cerfeuil, estragon et ciboulette) et vérifier l'assaisonnement. Ajouter au riz et mélanger délicatement. Servir, entre autres, avec la poêlée de crevettes au cari, coco et safran, le poisson, les plats en sauce, etc.

DRESSAGE

Disposer les crevettes joliment sur les assiettes et garnir de riz basmati. Réduire la sauce rapidement à feu vif afin de la rendre plus onctueuse, puis en napper les crevettes.

À savoir

À la maison, je garde toujours des crevettes au congélateur pour des visites surprise. Achetez toujours des crevettes avec carapaces : elles sont meilleures, se conservent mieux et permettent de réaliser de bonnes sauces.

•

Utilisez une poudre de cari de bonne qualité ; le safran peut être remplacé par du curcuma, mais le goût sera différent.

•

Pour le riz basmati à la brunoise de légumes, vous pouvez utiliser les légumes et les herbes de votre choix.

Parmentier de maquereau moutardé à la tomate fraîche

POUR 6 PERSONNES

MAQUEREAU
- **3 maquereaux frais**
- **45 ml (3 c. à tab) d'huile d'olive**

POMMES DE TERRE
- **800 g (1 3/4 lb) de pommes de terre**
- **100 ml (7 c. à tab) de beurre**
- **100 ml (7 c. à tab) de lait 3,25 %**
- **45 ml (3 c. à tab) de moutarde de Dijon ou de Meaux**

GARNITURE
- **350 g (1 1/3 t) de concassé de tomate (voir recette en page 239)**
- **50 g (1/2 t) de chapelure de pain (ou de noix de pin hachées)**
- **Sel, poivre et muscade, au goût**

Accord vin

Robert Mondavi/Woodbridge Zinfandel, Californie
Code SAQ : 329110 – 14, 95 $

MAQUEREAU

Dans une poêle, rôtir les maquereaux à l'huile d'olive à feu moyen des deux côtés, assaisonner de sel et de poivre et finir la cuisson au four à 180°C (350°F). Le poisson est prêt lorsque la chair devient opaque et se détache aisément de l'arête dorsale. Ne pas trop cuire! Laisser refroidir les maquereaux quelques minutes et défaire la chair délicatement. Réserver.

POMMES DE TERRE

Entre-temps, cuire les pommes de terre à l'eau salée, égoutter et réduire en purée avec le beurre et le lait chaud. Vérifier l'assaisonnement et parfumer avec la muscade et la moutarde de Dijon.

DRESSAGE

Dans un plat allant au four, disposer un lit de chair de maquereau. Recouvrir avec le concassé de tomate et terminer avec la purée de pommes de terre. Parsemer de chapelure et réchauffer au four à 200°C (400°F) pendant 15 minutes. Servir simplement au centre de la table et déguster avec une salade.

À savoir

Le maquereau peut être remplacé par le poisson de votre choix et la moutarde par de la ciboulette fraîche. Vous pouvez aussi remplacer une partie ou la totalité de la chapelure de pain par des noix de pin hachées, au goût.

•

Le maquereau est encore malheureusement méconnu. Il est pourtant l'un des meilleurs poissons : savoureux, économique et écologique, il est très abondant à l'état sauvage dans les eaux canadiennes; il n'est ni menacé de surpêche ni victime de contamination. En outre, il a un contenu très élevé en acides gras oméga-3, qui sont bénéfiques pour la santé.

Paillasson de pomme de terre au saumon et au bacon, salade de saison

POUR 4 PERSONNES

SAUMON
- **500 g (1 lb environ) de saumon frais**

POMME DE TERRE
- **1 grosse pomme de terre**
- **15 ml (1 c. à tab) d'huile d'olive**
- **45 ml (3 c. à tab) d'oignon haché**
- **4 tranches de bacon hachées**
- **Sel et poivre, au goût**
- **1 branche de thym frais**
- **45 ml (3 c. à tab) de beurre**

GARNITURE
- **Micro-pousses (pour garnir)**
- **Filet d'huile d'avocat ou d'huile d'olive**
- **Garniture, au choix**

Accord vin
Marquis de Chasse, Sauvignon/Sémillon 2010
Code SAQ : 404095 – 13,60 $

SAUMON

À l'aide d'un couteau bien aiguisé, tailler le saumon en fines escalopes. Réserver au réfrigérateur.

POMME DE TERRE

Éplucher, râper et égoutter la pomme de terre dans un linge pour enlever tout excédent d'eau.

Dans une poêle, à feu moyen, faire revenir l'oignon et le bacon dans l'huile d'olive jusqu'à cuisson complète.

Mélanger la pomme de terre avec l'oignon et le bacon, ajouter le sel, le poivre et le thym. Dans une poêle antiadhésive, faire fondre le beurre à feu moyen et y cuire la pomme de terre pendant quelques minutes de chaque côté pour bien la colorer en lui donnant la forme d'une galette.

Déposer dessus les escalopes de saumon, puis assaisonner et finir la cuisson au four sous le gril (recouvrir, au besoin, la poignée de papier d'aluminium). Ne pas trop cuire : le saumon doit rester rosé.

DRESSAGE

Transférer la galette de pomme de terre délicatement sur une assiette de service. Déposer au centre une petite salade à base de micro-pousses et un filet d'huile d'avocat ou d'huile d'olive.

À savoir
Le saumon frais peut être remplacé par du saumon fumé. Pour un déjeuner complet, déposez un œuf poché sur le saumon. Servez avec une fondue de fromage au lait d'amandes (voir recette en page 239).

Recette préférée de mon fils Bastien

Piccatas de veau aux amandes et au citron, pâtes fraîches aux épinards

POUR 4 PERSONNES

PICCATAS DE VEAU

- **1 œuf entier et 1 jaune d'œuf**
- **30 ml (2 c. à tab) de crème 35 %**
- **30 ml (2 c. à tab) de farine tout usage**
- **8 escalopes de veau dans la longe (480 g/1 lb environ)**
- **80 g (2 1/2 oz) de poudre d'amande**
- **45 ml (3 c. à tab) de beurre**
- **45 ml (3 c. à tab) d'huile d'olive**
- **Sel et poivre du moulin, au goût**

SAUCE AU CITRON

- **Le jus et le zeste de 2 citrons, séparés**
- **20 ml (4 c. à thé) de beurre**
- **1 échalote grise hachée finement**
- **100 ml (7 c. à tab) de Noilly Prat**
- **200 ml (3/4 t) de crème 35 %**
- **15 ml (1 c. à tab) de feuilles de persil plat**
- **Sel, poivre, piment coréen ou d'Espelette, au goût**

GARNITURE

- **450 g (1 lb) de pâtes fraîches aux épinards**
- **1 paquet (5 oz/142 g) de mini-épinards**
- **100 ml (7 c. à tab) de lait d'amande**
- **15 ml (1 c. à tab) de beurre**

Accord vin

Pinot gris Pfaffenheim, Alsace 2009

Code SAQ : 00456244 – 16,00 $

PICCATAS DE VEAU

Dans un bol, battre l'œuf, le jaune d'œuf et la crème. Fariner légèrement les tranches de veau et les tremper dans le mélange d'œufs et de crème, puis les enrober de poudre d'amande. Dans une poêle, faire fondre le beurre et l'huile d'olive et cuire les piccatas de veau très doucement pendant environ 2 minutes de chaque côté. Attention de ne pas faire brûler les amandes. Au terme de la cuisson, saler et poivrer et réserver.

SAUCE AU CITRON

Prélever les zestes de citron et les blanchir rapidement dans l'eau bouillante. Transférer dans un bain d'eau glacée pour arrêter la cuisson, égoutter et bien éponger avec des essuie-tout. Hacher très finement et réserver.

Dans une autre poêle, ajouter 20 ml (4 c. à thé) de beurre et faire revenir l'échalote hachée quelques minutes. Ajouter le Noilly Prat et laisser réduire à sec. Ajouter la crème et le jus de citron et faire réduire pendant environ 2 minutes afin d'obtenir une sauce crémeuse. Mixer au Thermomix ou au mélangeur et passer au tamis. Ajouter les zestes de citron blanchis finement hachés et le persil. Saler, poivrer et ajouter le piment. Cette sauce très acide doit être légèrement piquante.

GARNITURE

Cuire les pâtes fraîches à l'eau salée, égoutter et ajouter les épinards, le lait d'amande et un peu de beurre. Vérifier l'assaisonnement.

DRESSAGE

Sur chaque assiette bien chaude, déposer deux piccatas de veau. Accompagner de pâtes aux épinards et napper de sauce au citron.

À savoir

Vous pouvez également mettre du pesto de citron confit (maison LeGrand) dans la sauce. Au départ, la sauce au citron peut vous paraître liquide, mais les pâtes fraîches vont la lier.

•

La chaleur des pâtes suffit amplement à cuire les épinards. Ne salez pas le veau avant de le paner.

Recette préférée de ma fille Sabrina

Boudin blanc de volaille biologique aux pommes et aux canneberges parfumé à la cardamome

POUR 20 BOUDINS

GARNITURE AROMATIQUE

- **1/2 poireau taillé en brunoise**
- **1 carotte taillée en brunoise**
- **1 échalote grise hachée**
- **2 g (peser) d'ail**
- **3 clous de girofle**
- **1 bouquet garni**
- **1 écorce d'orange**
- **30 ml (2 c. à tab) de beurre**
- **625 ml (2 1/2 t) de lait 3,25 %**
- **100 ml (7 c. à tab) de crème 35 %**

BOUDIN

- **1 kg (2,2 lb) de blancs de volaille biologique**
- **30 g (peser) de sel**
- **3 g (peser) de poivre**
- **2 g (peser) de cardamome**
- **7 œufs**
- **Boyaux de porc naturels (menus)**
- **15 ml (1 c. à tab) de beurre**
- **15 ml (1 c. à tab) d'huile**

- **Beurre (pour sauter)**
- **2 pommes**
- **250 ml (1 t) de canneberges fraîches**

Accord vin

Kim Crawford, Sauvignon blanc, Marlborough 2010
Code SAQ : 10327701 – 19,95 $

GARNITURE AROMATIQUE

Mettre tous les ingrédients de la garniture aromatique dans une poêle, sauf le lait et la crème, et faire blondir au beurre pendant 5 minutes. Ajouter le lait et la crème, amener à ébullition et laisser infuser à couvert et à feu très doux pendant 30 minutes, sans faire bouillir. Égoutter à l'aide d'un tamis placé au-dessus d'une casserole pour récupérer le liquide de pochage et réserver au chaud.

BOUDIN

Passer les blancs de poulet biologique au hache-viande, puis au robot avec l'assaisonnement (sel, poivre et cardamome). Ajouter les œufs et incorporer ensuite progressivement le lait chaud infusé à 60°C (140°F). À l'aide d'une poche à douille ou d'un poussoir, remplir les boyaux (menus) de porc sans trop de pression. Cuire dans l'eau pendant 25 minutes à 80°C (176°F). Refroidir rapidement en plongeant les boudins dans l'eau froide. Égoutter et éponger avec des essuie-tout. Réserver.

MONTAGE DU PLAT

Éplucher et couper les pommes en quartiers. Enlever la peau des boudins à l'aide d'un couteau d'office. Dans une grande poêle, faire colorer doucement les boudins dans un mélange de beurre et d'huile. Retirer du feu et réserver au chaud pendant que l'on poêle les pommes et les canneberges au beurre quelques minutes à feu moyen. Remettre les boudins dans la poêle avec les fruits et réchauffer.

DRESSAGE

Servir accompagné d'une purée de pommes de terre et de légumes verts.

À savoir

On peut modifier la garniture des boudins en utilisant des amandes ou des noisettes, des raisins, des truffes, etc.

Mijoté de lapin au gingembre, citron vert et coriandre

POUR 8 PERSONNES

LAPIN

- **8 cuisses de lapin**
- **45 ml (3 c. à tab) de beurre**
- **1 petit oignon blanc haché finement**
- **4 gousses d'ail hachées finement**
- **45 ml (3 c. à tab) de gingembre frais, haché**

SAUCE

- **30 ml (2 c. à tab) de farine tout usage**
- **200 ml (3/4 t) de vin blanc**
- **500 ml (2 t) de bouillon de lapin ou de volaille (voir recette en page 238)**
- **1 tige de citronnelle finement émincée**
- **100 ml (7 c. à tab) de crème 35 %**
- **Sel, poivre et poivre vert, au goût**
- **Le jus et le zeste de 2 citrons verts**
- **1 botte de coriandre fraîche, ciselée (avec les tiges)**

Accord vin

Hogue Cellars Gewürztraminer,
Vallée de la Columbia,
Code SAQ : 11334751 – 15,55 $

LAPIN

Désosser les cuisses de lapin et découper la chair en gros cubes. Avec les os, préparer un bouillon qui servira pour la cuisson du lapin.

Dans une sauteuse, faire chauffer le beurre et y colorer les cubes de lapin. Saler et ajouter l'oignon haché. Poursuivre la cuisson quelques minutes, puis ajouter l'ail et le gingembre hachés.

SAUCE

Singer avec la farine (verser en pluie) et bien mélanger. Déglacer avec le vin blanc et ajouter le bouillon en remuant constamment. Ajouter la citronnelle et laisser mijoter pendant environ 1 heure à feu très doux.

Retirer les morceaux de lapin de la sauteuse et réserver au chaud. Réduire la sauce quelques minutes, ajouter la crème, ramener à ébullition, puis retirer du feu. Mixer au Thermomix ou au mélangeur et passer au chinois étamine. Ajouter le poivre vert, les zestes et le jus de citron vert. Rectifier l'assaisonnement. Cette sauce doit être très parfumée. Remettre les morceaux de lapin dans la sauce et chauffer de nouveau. Juste avant de servir, ajouter la coriandre ciselée.

DRESSAGE

Servir dans des assiettes très chaudes et accompagner de tagliatelles de légumes (voir recette en page 114), des pâtes de votre choix ou d'une purée de patates douces.

À savoir

Ce type de recette se prépare également avec des hauts de cuisse de poulet ou des cubes de veau.

SPÉCIALITÉS SUCRÉES

Tarte au citron jaune et vert et aux fraises des champs

POUR 1 TARTE

- **Le jus et le zeste de 2 citrons jaunes, séparés**
- **Le jus et le zeste de 2 citrons verts, séparés**
- **7 œufs**
- **150 g (5 oz) de beurre non salé**
- **200 g (6 oz) de sucre à glacer**
- **350 g (12 oz) de pâte brisée sucrée (voir recette en page 240)**
- **375 ml (1 1/2 t) de fraises des champs**

GARNITURE AU CITRON

Zester les 4 citrons et réserver. Presser le jus afin d'obtenir 300 ml (1 1/4 t).

Dans un bol, bien battre les œufs. Dans une casserole, faire fondre le beurre sans coloration. Ajouter le sucre à glacer et mélanger au fouet afin d'obtenir une pâte lisse ayant la texture d'un roux. Sans cesser de mélanger, ajouter le jus de citron. Ajouter aux œufs battus tout en fouettant. Passer au tamis et ajouter le zeste.

MONTAGE DE LA TARTE

Entre-temps, foncer un moule à tarte avec la pâte et précuire au four à 180°C (350°F) pendant environ 15 minutes. Retirer du four et verser délicatement l'appareil au citron dans la croûte cuite. Réduire la température du four à 150°C (300°F) et cuire pendant 15 minutes. Réduire encore la température à 125°C (260°F) et poursuivre la cuisson jusqu'à ce que la garniture au citron soit prise. Retirer du four et laisser refroidir. Garnir de fraises des champs et servir froid.

À savoir

On peut remplacer les fraises par des framboises fraîches ou des petits fruits de saison. On peut agrémenter cette tarte de feuilles de menthe, de mélisse ou de basilic. Une partie du jus de citron peut aussi être remplacée par du jus de fruit de la passion.

Pommes farcies aux amandes, nectar de bleuet à l'érable

POUR 6 PERSONNES
- **3 pommes à chair ferme**

CRÈME D'AMANDE
- **150 g (5 oz) de sucre d'érable**
- **3 œufs**
- **150 g (5 oz) de poudre d'amande**
- **150 g (5 oz) de beurre non salé, fondu**
- **30 ml (2 c. à tab) de calvados**
- **60 ml (4 c. à tab) de bleuets**

NECTAR À L'ÉRABLE
- **200 ml (3/4 t) de sirop d'érable**
- **500 g (1 lb) de bleuets**
- **Les parures des pommes évidées**
- **30 ml (2 c. à tab) de liqueur de bleuet Minaki**
- **50 g (1 1/2 oz) de beurre non salé**

GARNITURE (FACULTATIF)
- **Crème glacée ou sorbet, tuile croustillante à l'érable**

Accord vin

Cidres et Vergers Pedneault, mistelle de pomme La grande glace
Code SAQ : 733139 – 17,72 $ (500 ml)

CRÈME D'AMANDE

Dans un bol, mélanger au fouet le sucre et les œufs. Ajouter la poudre d'amande et le beurre fondu refroidi. Ajouter le calvados et bien mélanger afin d'obtenir une pâte lisse.

Couper les pommes en deux, les évider légèrement avec une cuillère parisienne. Réserver les parures pour la sauce. Remplir les moitiés de pomme avec la crème d'amande. Déposer sur le dessus quelques bleuets. Cuire au four à 180°C (350°F) pendant 20 minutes.

NECTAR À L'ÉRABLE

Entre-temps, faire réduire le sirop d'érable afin d'obtenir un caramel clair (tire d'érable). Ajouter les bleuets et les parures de pomme. Laisser réduire de 5 à 10 minutes supplémentaires. Passer au Thermomix ou au mélangeur, ajouter la liqueur de bleuet (Minaki) et le beurre bien ferme en fouettant. Passer ensuite au tamis fin.

Déguster les pommes farcies froides ou tièdes avec le nectar de bleuet, de la crème glacée et une tuile croustillante à l'érable.

Crêpes fines au jus de bleuets « Bleu d'Ici »

POUR 12 À 16 CRÊPES

- **300 g (9 oz) de farine blanche non blanchie biologique**
- **500 ml (2 t) de jus de bleuets « Bleu d'Ici »**
- **3 œufs**
- **45 ml (3 c. à tab) de beurre fondu**

Dans un bol, tamiser la farine et ajouter le jus de bleuets en brassant constamment au fouet. Ajouter les œufs et le beurre fondu sans cesser de mélanger. Passer au tamis. Cuire les crêpes fines dans une poêle à revêtement antiadhésif. Servir avec des petits fruits dans le sirop.

Crémeux vanille Bourbon aux bleuets, mélisse cristallisée

POUR 8 À 10 VERRINES

CRÉMEUX VANILLE
- **750 ml (3 t) de crème 35 %**
- **300 ml (1 1/4 t) de lait 3,25 %**
- **80 g (1/3 t) de sucre**
- **200 g (6 oz) de jaune d'œuf**
- **1 gousse de vanille Bourbon fendue sur la longueur**
- **6 g (peser) de gélatine**

COULIS DE BLEUETS
- **300 g (9 oz) de bleuets**
- **200 ml (3/4 t) de sirop d'érable**

CRÈME CHANTILLY
- **250 ml (1 t) de crème 35 %**
- **75 g (2 1/2 oz) de sucre**
- **Quelques grains noirs d'une gousse de vanille fendue en deux sur la longueur**

MÉLISSE CRISTALLISÉE
- **Feuilles de mélisse**
- **1 blanc d'œuf**
- **Sucre, au goût**

CRÉMEUX VANILLE

Dans une casserole, porter à ébullition la crème, le lait, le sucre et les jaunes d'œufs avec la vanille. Chauffer en fouettant jusqu'à ce que la préparation atteigne une température de 85°C (185°F). Retirer du feu, retirer la gousse de vanille et ajouter la gélatine préalablement réhydratée dans de l'eau froide. Bien remuer au fouet. Couler dans des verrines et réfrigérer au moins 2 heures.

COULIS DE BLEUETS

Dans une casserole, mélanger les bleuets et le sirop d'érable. Amener à ébullition et laisser bouillir pendant 4 minutes. Mixer et passer au tamis.

CRÈME CHANTILLY

Mélanger tous les ingrédients au fouet. Au malaxeur, monter en pics fermes. Réfrigérer.

MÉLISSE CRISTALLISÉE

Laver et sécher les feuilles de mélisse avec des essuie-tout. À l'aide d'un pinceau, badigeonner les feuilles avec le blanc d'œuf. Saupoudrer généreusement du sucre sur les feuilles. Sécher doucement au four à 100°C (210°F) pendant environ 1 heure afin de rendre les feuilles croustillantes. Éteindre le four et les laisser finir de sécher jusqu'à ce que le four soit froid.

DRESSAGE

Dans les verrines qui contiennent la base du crémeux vanille, verser une couche de coulis de bleuets et refroidir. Ajouter des bleuets frais et terminer avec une rosace de crème Chantilly et une feuille de mélisse cristallisée.

Tarte au chocolat et au caramel au beurre salé

POUR 1 TARTE
- **350 g (12 oz) de pâte brisée sucrée (voir recette en page 240)**
- **250 ml (1 t) de lait 3,25 %**
- **250 ml (1 t) de crème 35 %**
- **300 g (9 oz) de chocolat 72 % (Araguani de Valrhona)**
- **2 œufs**

CARAMEL AU BEURRE SALÉ
- **200 g (6 oz) de sucre**
- **200 ml (3/4 t) de crème 35 %**
- **50 g (1 1/2 oz) de beurre**
- **2 pincées de fleur de sel**

Accord vin
Graham's Tawny 10 ans, porto, Portugal
Code SAQ : 00206508 – 29,95 $

Foncer un moule à tarte avec la pâte et précuire au four 20 minutes à 180°C (350°F). Entre-temps, dans une casserole, amener le lait et la crème à ébullition. Retirer du feu, ajouter le chocolat et attendre 2 minutes avant de mélanger au fouet jusqu'à l'obtention d'une préparation lisse et homogène. Sans cesser de mélanger, ajouter 2 œufs. Verser cette préparation sur la croûte de tarte et cuire au four à 165°C (325°F) pendant 15 minutes, puis réduire la température à 120°C (250°F) et cuire 10 minutes de plus.

Refroidir complètement et ajouter le caramel au beurre salé sur le dessus de la tarte.

CARAMEL AU BEURRE SALÉ

Dans une casserole bien propre, faire fondre le sucre doucement afin d'obtenir un caramel.

Dans une autre casserole, faire chauffer la crème, puis l'ajouter doucement en filet sur le caramel. Attention aux éclaboussures! Remettre à bouillir pendant 2 minutes afin d'obtenir un caramel bien lisse et sans grumeaux. Hors du feu, ajouter le beurre en mélangeant constamment. Ajouter la fleur de sel et laisser refroidir à température ambiante en mélangeant à l'occasion.

À savoir

La cuisson du caramel se fait à feu doux. Un caramel qui cuit trop vite sera amer.

•

On peut ajouter 20 ml (4 c. à thé) de miel avec le sucre afin que celui-ci ne cristallise pas à la cuisson.

Tartinade au chocolat noir, aux noisettes et au miel

POUR 750 ML/3 TASSES ENVIRON

- **125 g (4 oz) de jaune d'œuf**
- **75 ml (5 c. à tab) de miel d'Anicet**
- **10 g (peser) de poudre de cacao**
- **500 ml (2 t) de lait d'amande**
- **125 g (4 oz) de pâte de noisette non sucrée**
- **200 g (6 oz) de chocolat 72 % (râpé ou en pastilles)**

Dans un cul-de-poule, mélanger les jaunes d'œufs avec le miel et le cacao. Dans une casserole, amener le lait d'amande à ébullition. Réchauffer le mélange de jaunes d'œufs avec quelques cuillères de lait bouillant, puis verser délicatement le reste du lait dans l'appareil en fouettant. Verser dans une casserole et cuire à feu doux en remuant constamment avec une spatule jusqu'à ce que la crème épaississe. Interrompre la cuisson lorsque la température atteint 85°C (185°F). Ajouter la pâte de noisette et le chocolat. Mélanger jusqu'à ce que la préparation devienne lisse et onctueuse.

Refroidir et conserver jusqu'à 7 jours au réfrigérateur.

À savoir

Délicieux sur des tranches de brioche grillée, de la crème glacée ou en accompagnement des Crêpes aux bleuets (voir recette en page 205). Cette tartinade convient aux personnes intolérantes au lactose.

Fondant d'érable à la crème

POUR 250 ML/1 TASSE ENVIRON

- **250 ml (1 t) de sirop d'érable**
- **250 ml (1 t) de crème 35 %**

Dans une casserole assez grande, faire réduire le sirop d'érable à feu moyen jusqu'à l'obtention d'une tire (114°C/237°F). Entre-temps, chauffer la crème et, hors du feu, l'ajouter délicatement à la tire d'érable. Remettre sur le feu pendant quelques minutes afin de bien dissoudre la tire d'érable et pour obtenir une sauce lisse et onctueuse. Garder cette préparation au frigo. Servir le matin sur des rôties, comme coulis pour accompagner un dessert ou sur de la crème glacée.

Sablés friables aux flocons d'érable

POUR 20 SABLÉS

SABLÉS FRIABLES AUX FLOCONS D'ÉRABLE
- **300 g (2 t) de farine tout usage**
- **10 g (peser) de poudre à pâte**
- **100 g (3 oz) de jaune d'œuf**
- **150 g (4 oz) de sucre d'érable**
- **250 g (1/2 lb) de beurre pommade non salé**
- **3 g (peser) de fleur de sel**

DORURE
- **1 œuf, 1 jaune d'œuf, 1 pincée de sel**

GARNITURE
- **100 g (3 oz) de sucre d'érable**

Préchauffer le four à 200°C (400°F). Tamiser la farine avec la poudre à pâte. Dans un bol, mélanger énergiquement les jaunes d'œufs et le sucre d'érable. Ajouter le beurre pommade et mélanger jusqu'à l'obtention d'une préparation lisse. Ajouter la moitié de la farine, mélanger et ajouter le reste de la farine et la fleur de sel. Mélanger sans trop travailler la pâte. Envelopper dans de la pellicule de plastique et laisser reposer au réfrigérateur pendant au moins 3 heures. Cette pâte est très délicate et doit être travaillée uniquement lorsqu'elle est très froide.

Abaisser la pâte au rouleau à pâtisserie, puis la découper de la forme désirée. Mélanger les ingrédients de la dorure et en badigeonner les sablés à l'aide d'un pinceau. Parsemer les sablés de flocons d'érable. Cuire au four à 180°C (350°F) pendant environ 10 minutes ou jusqu'à coloration.

CHASSE ET PÊCHE

Sans doute le futur beau-père de Jean-Luc Boulay savait-il ce qu'il faisait lorsqu'il a emmené chasser et pêcher pour la première fois ce jeune Français qui n'avait jamais fait autre chose qu'étudier ou travailler : il voulait le rendre amoureux pour de bon des mythiques grands espaces du Québec. Et ça n'a pas manqué. « De me retrouver en pleine forêt à me promener sur des territoires aussi vastes et sauvages, ça a été pour moi une grande émotion, comme la réalisation d'un rêve de jeunesse », se souvient Jean-Luc. Le service militaire ayant fait du chef du Saint-Amour un excellent tireur, il a pu exceller rapidement à ce nouveau sport. Depuis 35 ans qu'il vit au Québec, Jean-Luc a aussi su développer un solide réseau de copains, avec qui il organise différents types de sorties : s'il est longtemps allé à la chasse au caribou dans le nord et à l'orignal sur les terres du Séminaire avec son associé Jacques Fortier et leur ami Marc Girard, il apprécie aussi la chasse à la perdrix et au chevreuil, qu'il pratique souvent avec son complice de toujours, José Fagunds, ou avec son gendre Christian Carrier et son beau-frère Jean-Marc Therrien, qui excelle aussi à taquiner le poisson. Sans parler du camp de pêche que Jean-Luc partage avec Jean Lemieux, Mike Langlois et Peter Donovan et qui est depuis 20 ans le cadre d'aventures mémorables où les enfants ont pu s'initier à la pêche à la truite.

AMITIÉ ET NATURE SAUVAGE

UN GARDE-MANGER NATUREL

Étant cuisinier, Jean-Luc sait utiliser parfaitement les ressources à sa disposition pour tirer le meilleur parti possible de ses chasses et de ses pêches. « Dans le bois, je cueille des chanterelles, des coprins chevelus, du thé du Labrador, des bleuets ou de la menthe sauvage et je les utilise pour apprêter les repas et agrémenter nos prises autrement », fait-il remarquer. C'est un plaisir qui lui fait apprécier encore plus la nature sauvage du Québec. Détente, défi, Jean-Luc aime aussi partager ses connaissances, ce qui lui vaut d'être un partenaire de chasse et de pêche très recherché et souvent invité à se joindre à d'autres groupes d'amateurs de gibier sauvage, comme celui de Johnny Carrier, qui se lance chaque année sur les traces du caribou à Tête-à-la-Baleine et qui y pêche aussi l'omble de l'Arctique. À l'île au canot, située dans l'archipel des îles de Montmagny, Jean-Luc a eu l'occasion de chasser pendant six ans tous les gibiers d'eau imaginables en compagnie de Stanley Welsh, un fidèle client du Saint-Amour : oie, bécasse, faisan, canard, dindon sauvage, tandis qu'en compagnie du copain Benoît Carbonneau, il a pu surprendre aussi l'outarde et l'oie au Lac-Saint-Jean. Une diversité qui lui a permis de créer des recettes originales à partir du garde-manger naturel disponible sur place. Quoi de mieux pour satisfaire la curiosité et la gourmandise d'un chef ?

UNE AFFAIRE D'AMITIÉ

D'autres amis ont permis au fil des ans au chef Boulay d'enrichir son répertoire de connaissances des différents gibiers du terroir québécois et de la meilleure façon de les apprêter. Avec le docteur Eddy Thomas, par exemple, la chasse au chevreuil à l'île d'Anticosti ou à la perdrix a toujours été une favorite, ce qui ne l'empêche pas d'apprécier aussi la chasse à l'orignal à l'occasion avec d'autres partenaires. Aux yeux de Jean-Luc, c'est la variété qui crée l'engouement et le plaisir de se retrouver avec d'autres mordus de plein air.

Nul doute qu'une telle proximité dans un contexte aussi isolé crée des liens solides ! « J'apprécie la chasse d'abord et avant tout pour le sens de l'entraide et l'amitié qu'elle favorise et pour me retrouver dans des paysages grandioses plutôt que pour l'excitation de tuer un gibier », explique Jean-Luc. Lui qui aime tout particulièrement les grands espaces dénudés et arides de la toundra et sa végétation fragile, il est toujours étonné de constater combien peu de Québécois connaissent la richesse de ce vaste territoire naturel nordique.

SAVOIR RESPECTER LA RESSOURCE

Par respect pour l'animal, Jean-Luc Boulay souscrit à la philosophie amérindienne de la chasse, qui consiste à utiliser toutes les parties. « Je vois souvent des chasseurs qui se contentent de prélever la fesse et la longe et qui négligent même le filet mignon. Ils laissent pourrir le reste de la bête sur place, faute de savoir quoi faire avec. » Il trouve ce gaspillage regrettable et considère qu'il faut éduquer les chasseurs sur le potentiel culinaire des animaux qu'ils abattent.

Le chef du Saint-Amour profite donc de chacun de ses séjours de chasse pour initier ses partenaires aux techniques de débitage, de vieillissement, de transport et de conservation des prises. Il leur donne aussi des trucs simples pour bien faire boucherie. Avec les os et les parures, Jean-Luc prépare des bouillons savoureux ; il sert la langue marinée, puis cuisinée ; le foie, le cœur et les rognons lui permettent de faire des farces et des terrines; les parties plus dures, comme l'épaule ou le collier, sont utilisées pour les braisés et les plats mijotés ou bien elles sont hachées.

À une époque où le thème du local est très à la mode, la chasse et la pêche revêtent une aura positive à laquelle Jean-Luc Boulay n'est pas insensible. « Il y a aussi une grande satisfaction à pouvoir se procurer soi-même sa nourriture en consommant par le fait même des aliments qui ne contiennent aucun antibiotique ou hormone de croissance, qui sont entièrement naturels et dépourvus de gras saturés, comme c'est le cas pour les gros gibiers à poils. »

CONSEILS DU CHEF BOULAY AUX CHASSEURS

- Abattre l'animal de façon nette et rapide afin qu'il ne souffre pas.
- Le saigner complètement en l'égorgeant pour que la viande soit plus tendre.
- L'animal doit être suspendu par les pieds et non par la tête.
- Le débitage doit être fait proprement et rapidement; les abats doivent être réfrigérés et consommés dès que possible (éviter le foie du caribou, qui contient un parasite).
- Essuyer la viande avec un linge sans la laver; sinon, il y aura formation de bactéries.
- La viande ne doit jamais être transportée dans des sacs hermétiquement fermés. Elle doit être aérée en tout temps tant qu'elle n'est pas réfrigérée, parce qu'elle est chaude, ce qui représente un autre foyer naturel de développement de bactéries.
- Il faut protéger la viande de la pluie, qui risque de la faire moisir.
- Dans un environnement chaud où il y a beaucoup de mouches, toujours protéger la viande avec du coton à fromage.
- Faire sécher la viande dans des pièces très aérées, où elle est susceptible de se refroidir le plus rapidement possible.
- Si la maturation du gros gibier est importante, elle ne doit pas durer trop longtemps, car la croûte qui se forme en surface lors du faisandage occasionne beaucoup de perte.
- La maturation dépend de l'âge de l'animal; plus il est jeune et mieux il a été abattu sans lui occasionner de stress, plus il sera tendre. En règle générale, les gros gibiers à poil sont prêts à être consommés après 5 jours.
- Les jeunes gibiers à plumes peuvent être consommés le jour même ; pour les plus coriaces, il faut attendre de 2 à 3 jours.

Tartines grillées de truite mouchetée à la tomate épicée et aux olives Kalamata

POUR 4 PERSONNES

TRUITE MARINÉE

- 4 petites truites de rivière
- Fleur de sel, poivre du moulin, au goût
- 100 ml (7 c. à tab) d'huile d'olive extra-vierge
- 1 citron coupé en tranches
- 20 ml (4 c. à thé) de vin blanc ou de Noilly Prat
- 1 branche de thym

TARTINES

- 400 g (14 oz) de concassé de tomate épicé (voir recette en page 239)
- 50 g (2 oz) d'olives Kalamata dénoyautées et hachées
- 5 ml (1 c. à thé) d'origan
- 1 pain de campagne (ou miche aux olives et herbes de Provence)

Accord vin

Jackson-Triggs Sun Rock Shiraz, Vallée de l'Okanagan

Code SAQ : 11264028 – 29,90 $

TRUITE MARINÉE

Lever les filets de truite, assaisonner et faire mariner pendant 12 heures avec l'huile d'olive, le citron, le vin blanc et le thym. Réchauffer le concassé de tomate et y ajouter des tranches d'olives Kalamata, puis parfumer avec l'origan.

TARTINES

Couper des tranches assez épaisses de pain de campagne, faire griller et recouvrir de concassé de tomate. Disposer ensuite les filets de truite préalablement égouttés.

Remettre environ 2 minutes sur le gril ou au four afin de cuire légèrement la truite.

À savoir

C'est un plat que je prépare chaque fois que je vais au camp de pêche avec ma famille ou mes amis. C'est simple, nourrissant et très savoureux.

Tartare d'omble de l'Arctique à la moutarde de Dijon et à la menthe sauvage

POUR 4 PERSONNES

TARTARE

- **320 g (12 oz) de chair d'omble de l'Arctique très fraîche**
- **Fleur de sel, au goût**
- **20 ml (4 c. à thé) de moutarde de Dijon**
- **5 ml (1 c. à thé) de moutarde de Meaux**
- **Feuilles de menthe fraîche ou sauvage, au goût**

SAUCE À LA MENTHE SAUVAGE

- **45 ml (3 c. à tab) de crème 35 %**
- **Le jus de 1/2 citron**
- **Sel et poivre, au goût**
- **Feuilles de menthe sauvage**

GARNITURE

- **Salade de micro-laitue et pain grillé**
- **Œufs de truite, de poisson ou caviar, au goût**
- **Feuilles de menthe sauvage et fleurs comestibles, au goût**

Accord vin

Chardonnay Domaine de la Renardière
Jurassique Arbois-Pupillin
Code SAQ : 11194365 – 20,20 $

TARTARE

Couper la chair de poisson en très petits dés, ajouter la fleur de sel et bien mélanger.

Ajouter les moutardes et la menthe ciselée. Mélanger délicatement et rectifier l'assaisonnement. Ajouter de la moutarde au besoin.

SAUCE À LA MENTHE SAUVAGE

Préparer la sauce acidulée en mélangeant la crème avec le citron, le sel, le poivre et un peu de menthe ciselée.

DRESSAGE

Mouler le tartare (ou façonner en quenelles à l'aide de 2 grosses cuillères) et garnir d'une petite salade, d'un croûton grillé et de sauce. Décorer avec les œufs de poisson, des feuilles de menthe et des fleurs comestibles.

À savoir

Pour plus de facilité et une meilleure hygiène, il est préférable de congeler la chair de poisson pendant quelques heures avant de la couper en petits dés, car le poisson se tranchera beaucoup plus facilement et restera très froid pendant la préparation.

Truite grise d'une pêche en coque de sel, beurre blanc à l'huile d'olive et au pastis

POUR 8 À 10 PERSONNES

TRUITE EN COQUE DE SEL

- **1 grosse truite grise de 4 kg (9 lb)**
- **Poivre du moulin**
- **Herbes fraîches : thym, fenouil, romarin**
- **4 blancs d'œufs**
- **2 kg (5 lb) de gros sel**

BEURRE BLANC

- **45 ml (3 c. à tab) d'échalote grise ciselée**
- **250 ml (1 t) de vin blanc sec**
- **250 g (1/2 lb) de beurre froid, en dés**
- **25 ml (5 c. à thé) d'huile d'olive extra-vierge**
- **5 ml (1 c. à thé) de pastis**
- **20 ml (4 c. à thé) de crème 35 % (facultatif)**
- **15 ml (1 c. à tab) d'estragon haché**
- **Le jus et le zeste de 1/2 citron**
- **Sel, poivre et piment d'Espelette (au goût)**

Accord vin

Bandol 2009, Domaine de l'Olivette

Code SAQ : 10884559 – 22,60 $

TRUITE EN COQUE DE SEL

Retirer la tête du poisson et le vider par la tête sans l'ouvrir. Le laver, le poivrer à l'intérieur et le remplir d'herbes fraîches. Battre les blancs d'œufs et ajouter le gros sel. Bien mélanger.

Sur une plaque allant au four, déposer du papier parchemin. Étendre un lit de gros sel et y placer la truite grise, puis la recouvrir complètement avec le reste du gros sel. Cuire au four à 180°C (350°F) pendant 45 minutes. Retirer du four et laisser reposer pendant 15 minutes. Entre-temps, préparer le beurre blanc.

BEURRE BLANC

Dans une casserole, faire réduire presque à sec les échalotes et le vin blanc jusqu'à ce qu'il reste 30 ml (2 c. à tab) de liquide. Ajouter d'un seul coup le beurre, puis l'huile d'olive et émulsionner sur le feu avec un pied-mélangeur. Ajouter le pastis, la crème, l'estragon, le zeste et le jus de citron, le piment d'Espelette et rectifier l'assaisonnement. On peut agrémenter d'une fine julienne d'olives vertes et noires. Réserver au chaud.

DRESSAGE

Servir le poisson au centre de la table. Casser la croûte de sel avec un couteau et déguster, nappé de beurre blanc. C'est une recette que mon ami Johnny Carrier me réclame à chacun de nos voyages à Tête-à-la-Baleine.

Filets de doré en papillote, marinière de légumes et salicorne

POUR 4 PERSONNES

- **150 g (5 oz) de salicorne***
- **25 ml (5 c. à thé) de beurre**
- **150 g (5 oz) de fèves germées**
- **4 filets de doré de 150 g (5 oz) chacun**
- **Sel et poivre, au goût**
- **200 ml (3/4 t) de marinière de légumes** **(voir recette en page 239)**
- **15 ml (1 c. à tab) de fines herbes au choix (persil, cerfeuil, estragon, ciboulette, basilic, etc.)**
- **Le jus de 2 citrons**
- **45 ml (3 c. à tab) d'huile d'olive extra-vierge**

Accord vin

Chardonnay/Sauvignon blanc, côté Tariquet, Côtes de Gascogne

Code SAQ : 00561316 – 17,60 $

Blanchir la salicorne dans une eau bouillante non salée, égoutter et faire revenir au beurre avec les fèves germées de 2 à 3 minutes.

Préparer des papillotes (en papier d'aluminium ou parchemin). Déposer au centre de la papillote un lit de salicorne et de fèves germées, ajouter un filet de doré, saler et poivrer, recouvrir de marinière de légumes et garnir de fines herbes ciselées. Arroser de jus de citron et d'un filet d'huile d'olive et refermer la papillote hermétiquement.

Cuire sur le gril ou dans un four chaud à 200°C (400°F). Dès que la papillote est gonflée, le poisson est cuit. Laisser reposer quelques minutes et déguster.

À savoir

La salicorne est une herbe marine et charnue au goût salé qui pousse en abondance sur les battures du fleuve ou des bords de mer. On la trouve dans certaines poissonneries et fruiteries.

Tourtière de brochet et de truite de nos lacs au citron et au persil de mer

POUR 1 TOURTE, ENVIRON 12 PERSONNES

PRÉPARATION AU BROCHET ET À LA TRUITE
- **200 g (6 oz) de filets de truite bien frais**
- **Sel et poivre, au goût**
- **Le jus et le zeste de 2 citrons (séparés)**
- **1 botte de persil de mer émincé (séparée)**
- **350 g (10 oz) de chair de brochet bien fraîche**
- **Mélange d'épices : 5 ml (1 c. à thé) de sel, 1 pincée de poivre, 1 pointe de muscade, 1 pincée de piment d'Espelette**
- **330 ml (1 1/3 t) de crème 35 %**

PÂTE À TOURTE
- **Pâte brisée (voir recette en page 240)**
- **2 crêpes salées au persil de mer**

POUR LA DORURE, MÉLANGER :
- **1 œuf**
- **1 jaune d'œuf**
- **1 pincée de sel et 1 pincée de sucre**

GARNITURE
- **Salade, au choix**
- **Beurre blanc (voir recette en page 218) ou sauce vierge (voir recette en page 241)**

Accord vin

Comte Lafond, Sancerre 2009
Code SAQ : 222521 – 18,50 $

Persil marin

PRÉPARATION AU BROCHET ET À LA TRUITE

Saler et poivrer les filets de truite. Mariner avec le jus de citron, la moitié du zeste et les feuilles de persil de mer ciselées. Réserver 30 ml (2 c. à tab) de persil de mer pour les crêpes.

Passer la chair de brochet bien froide au hache-viande. Mixer au robot pendant quelques secondes avec le mélange d'épices. Arrêter l'appareil et ajouter la moitié de la crème. Mixer quelques secondes, arrêter de nouveau l'appareil et ajouter le reste de la crème. Mixer une fois de plus et passer au tamis afin d'éliminer les petites arêtes. Parfumer avec le zeste de citron restant. Réserver sur la glace ou au réfrigérateur.

PÂTE À TOURTE

Préparer 2 crêpes minces selon votre recette préférée en prenant soin d'ajouter 30 ml (2 c. à tab) de persil de mer émincé au mélange. Cuire dans une poêle d'une taille comparable à celle du moule de la tourtière. Réserver.

Abaisser la moitié de la pâte brisée et chemiser un moule beurré. Badigeonner avec la dorure et déposer une crêpe salée au persil de mer sur le fond de tarte. Badigeonner la crêpe de dorure. Ajouter la moitié de la mousse de brochet, puis répartir les filets de truite par-dessus. Recouvrir avec la mousse de brochet restante, lisser et déposer l'autre crêpe. Badigeonner la crêpe de dorure avant d'abaisser le reste de la pâte brisée, puis de la déposer sur le moule. Faire un trou au centre afin que la vapeur s'échappe. Badigeonner de dorure et décorer de retailles de pâte, si désiré.

Cuire dans un four chaud à 200°C (400°F) pendant 15 minutes ; réduire la température à 180°C (350°F) et poursuivre la cuisson pendant 30 minutes.

DRESSAGE

Servir cette tourte chaude, tiède ou froide avec un beurre blanc, la sauce vierge de votre choix ou une sauce tartare (voir recette en page 174). Accompagner d'une salade.

À savoir

Le brochet est le poisson idéal pour réaliser les mousses de poisson et les quenelles grâce à sa chair fine au goût délicat qui se marie parfaitement avec une foule d'ingrédients.

Tartines grillées au blanc de perdreau et au chutney de petits fruits du Québec

POUR 4 PERSONNES

CUISSON DES POITRINES DE PERDREAU

- **2 perdreaux**
- **30 ml (2 c. à tab) de beurre**

FARCE

- **80 g (2 1/2 oz) de foies et de cœurs de perdreau**
- **25 ml (5 c. à thé) de beurre**
- **Sel et poivre du moulin**
- **30 ml (2 c. à tab) d'échalote grise hachée finement**
- **1 gousse d'ail hachée finement**
- **1 branche de thym**
- **15 ml (1 c. à tab) de porto**
- **80 g (2 1/2 oz) de terrine de foie gras (voir recette en page 44)**
- **3 ml (1/2 c. à thé) de moutarde de Dijon**
- **Muscade, au goût**
- **15 ml (1 c. à tab) de feuilles de persil plat ciselées**

DRESSAGE

- **4 tranches de pain de campagne**
- **100 ml (7 c. à tab) de chutney de petits fruits du Québec (voir recette en page 238)**
- **Quelques feuilles de roquette ou de mini-épinards**

CUISSON DES POITRINES DE PERDREAU

Lever les poitrines des perdreaux. Prélever les foies et les cœurs ; utiliser les pattes et la carcasse pour faire un bouillon.

Dans une poêle, faire sauter au beurre les poitrines de perdreau préalablement assaisonnées pendant environ 2 minutes de chaque côté en les arrosant fréquemment. Au terme de la cuisson (rosée), retirer de la poêle et recouvrir de papier d'aluminium et laisser reposer.

FARCE

Dans une poêle, faire sauter les foies et les cœurs quelques minutes dans le beurre mousseux. Ils doivent demeurer saignants. Saler et poivrer, ajouter l'échalote, l'ail et le thym et faire flamber au porto. Passer au robot afin d'obtenir une farce fine. Ajouter le foie gras et la moutarde et mixer de nouveau. Vérifier l'assaisonnement. Ajouter une pointe de muscade et le persil et réserver.

DRESSAGE

Tartiner le pain de farce, puis garnir de fines tranches de blanc de perdreau. Cuire sur le gril ou au four à 200°C (400°F) quelques minutes pour griller le pain et réchauffer la préparation. Servir avec le chutney de petits fruits du Québec et quelques feuilles de roquette.

Accord vin

Merlot Hob Nob, Languedoc-Roussillon, vin de pays d'Oc

Code SAQ : 11133255 – 13,90 $

Poitrines de canard sauvage aux huîtres et au citron vert

POUR 4 PERSONNES

- **2 poitrines de canard sauvage**
- **30 ml (2 c. à tab) de beurre (pour cuire)**
- **Sel et poivre, au goût**
- **30 ml (2 c. à tab) d'échalote grise hachée finement**
- **200 ml (3/4 t) de vin blanc**
- **18 huîtres fraîches, écalées**
- **375 ml (1 1/2 t) de jus de canard ou de poulet (voir recette en page 238)**
- **45 ml (3 c. à tab) de crème 35 %**
- **Le jus et le zeste de 1 citron vert (en julienne et blanchi)**
- **30 ml (2 c. à tab) de beurre froid (pour la sauce)**
- **Poivre, au goût**
- **Ciboulette, au goût**

Accord vin

La Paccio Primitivo, Pasqua Salento IGT

Code SAQ : 610204 – 13,90 $

Préchauffer le four à 180°C (350°F). Dans une poêle, saisir les poitrines de canard dans le beurre, assaisonner, puis terminer la cuisson au four, côté peau, jusqu'à une température à cœur de 40°C (104°F). Retirer du four et recouvrir de papier d'aluminium. Dégraisser la poêle, ajouter les échalotes et déglacer au vin blanc, puis y pocher les huîtres pendant quelques secondes sans bouillir. Égoutter et réserver. Ajouter le jus de canard à la poêle. Faire réduire et ajouter la crème et le jus de citron vert. Vérifier l'assaisonnement.

Tailler le canard en fines tranches. Réchauffer les huîtres dans la sauce. Ajouter la julienne de citron blanchi. Monter la sauce au beurre et poivrer. Napper le canard de sauce, garnir avec les huîtres. Parsemer de ciboulette hachée. Accompagner d'une purée de patate douce.

À savoir

Le fait d'envelopper le canard dans le papier d'aluminium permet de continuer la cuisson (poussée thermique). La température à cœur du canard augmentera de 10°C (50°F) et la viande pourra reposer, permettant aux jus et aux sucs de bien se répartir dans la chair.

Filets d'oie blanche rôtis sur un ragoût de lentilles vertes du Puy au chorizo et tiges d'ail

POUR 4 PERSONNES

OIE

- **2 jeunes oies blanches**
- **Épices à volaille, au goût (voir recette de base en page 240)**
- **45 ml (3 c. à tab) de beurre**
- **30 ml (2 c. à tab) de sauce soja aux champignons (épaisse)**

RAGOÛT

- **250 g (8 oz) de lentilles vertes du Puy**
- **Eau froide pour recouvrir les lentilles**
- **45 ml (3 c. à tab) de gras de canard ou de beurre**
- **100 g (3 oz) d'oignon haché finement**
- **Une pincée de sel**
- **500 ml (2 t) de bouillon d'oie (voir recette de bouillon de volaille en page 238)**
- **1 bouquet garni**
- **2 gousses et 2 tiges d'ail**
- **30 ml (1 c. à tab) de persil plat ciselé**
- **60 g (2 oz) de chorizo**

Accord vin

Chinon 2009, Domaine Bernard Beaudry

Code SAQ : 10255571 – 20 $

OIE

Désosser les oies, prélever les poitrines (4 filets) et préparer un bon bouillon avec les cuisses et les carcasses. Assaisonner les filets avec le mélange d'épices et faire revenir au beurre, à feu moyen-vif, dans une poêle. Finir la cuisson au four à 180°C (350°F) en arrosant très souvent du gras de cuisson. Interrompre la cuisson des filets lorsque la température à cœur indique 45°C (113°F). Retirer du four et recouvrir de papier d'aluminium afin de laisser reposer la viande et de terminer la cuisson.

RAGOÛT

Entre-temps, dans une casserole, ajouter les lentilles et les recouvrir d'eau froide. Porter rapidement à ébullition, égoutter et rincer soigneusement. Réserver. Dans la casserole, faire fondre le gras de canard ou le beurre et y faire revenir l'oignon haché avec une pincée de sel. Ajouter les lentilles blanchies et mouiller avec 500 ml (2 t) de bouillon d'oie. Ajouter le bouquet garni et y cuire les lentilles à feu doux. Au terme de la cuisson (environ 30 minutes), vérifier l'assaisonnement et parfumer avec l'ail finement haché, la tige d'ail, le persil ciselé et de fines tranches de chorizo. Laisser reposer les lentilles quelques minutes afin qu'elles s'imbibent de bouillon.

DRESSAGE

Sur des assiettes chaudes, disposer le ragoût de lentilles. Réchauffer les filets d'oie dans la poêle avec un peu de beurre et lustrer de sauce soja aux champignons. Couper chaque filet en deux et déposer sur les lentilles. Décorer avec la tige d'ail et verser le jus de cuisson des oies rendu par le temps de repos.

À savoir

Les filets d'oie doivent être bien rosés et très tendres. Vous pouvez également les servir avec de la moutarde de Dijon.

•

Les lentilles sont une des rares légumineuses qu'on n'a pas besoin de faire tremper dans l'eau la veille.

Rigatonis façon risotto à l'émincé de perdreau, coprins chevelus et pousses d'épinards, retour de chasse

POUR 6 PERSONNES

PERDREAUX

- **2 perdreaux**
- **Sel et poivre, au goût**
- **45 ml (3 c. à tab) de beurre**
- **200 g (8 oz) de coprins chevelus (ou une autre variété)**

RIGATONIS

- **1 petit oignon émincé**
- **45 ml (3 c. à tab) de beurre**
- **2 gousses d'ail hachées finement**
- **2 l (8 t) de bouillon de perdreau ou de volaille (voir recette en page 238)**
- **1 paquet de 500 g (1 lb) de rigatonis**
- **50 g (2 oz) de parmesan reggiano**
- **45 ml (3 c. à tab) de crème 35 %**
- **60 ml (4 c. à tab) de basilic ou 30 ml (2 c. à tab) de pesto**
- **Piment d'Espelette, au goût**

GARNITURE

- **250 ml (1 t) de fleurettes de brocoli crues**
- **1 paquet d'environ 140 g (5 oz) de mini-épinards**

Prélever les suprêmes de perdreau et les réserver au réfrigérateur. Concasser finement les cuisses et la carcasse et préparer un bouillon. Passer le bouillon au tamis (voir recette de bouillon de volaille en page 238). Garder les cœurs et les foies pour une autre recette.

Assaisonner les filets de perdreau de sel et de poivre et colorer au beurre dans une poêle à feu moyen-vif. Retirer du feu lorsqu'ils sont encore saignants et les recouvrir d'une feuille de papier d'aluminium. La cuisson se poursuit au repos, surtout dans du papier d'aluminium. Dans la même poêle, faire revenir les champignons sauvages, saler et poivrer. Réserver.

RIGATONIS

Dans un faitout, faire revenir l'oignon émincé à feu doux dans le beurre pendant 2 minutes. Ajouter les gousses d'ail et les pâtes. Mélanger le tout et ajouter le bouillon de perdrix. Amener à ébullition, puis réduire le feu, assaisonner et cuire jusqu'à ce que les pâtes soient à point (encore légèrement al dente).

Au terme de la cuisson des pâtes, elles auront presque complètement absorbé le bouillon. Lier avec le parmesan, la crème et le basilic ciselé (ou le pesto). Poivrer et ajouter le piment d'Espelette, puis rectifier l'assaisonnement.

DRESSAGE

Aux rigatonis, ajouter les champignons, les fleurettes de brocoli crues et les épinards, puis mélanger délicatement. Les légumes verts cuiront avec la chaleur des pâtes. Émincer les suprêmes de perdreau et les déposer sur les pâtes. Servir dans des assiettes creuses chaudes.

Accord vin

Pinot noir Le Clos Jordanne Village Reserve, Niagara Peninsula

Code SAQ : 10745487 – 29,95 $

Coprins chevelus

À savoir

Cette technique, qui consiste à cuire les pâtes dans du bouillon, permet de les rendre très savoureuses et d'obtenir une liaison de sauce facilement grâce à l'amidon qu'elles contiennent. Elles doivent cependant être d'excellente qualité.

•

À défaut de perdreau, vous pouvez utiliser la volaille de votre choix. C'est une recette que je prépare chaque fois que je vais à la chasse à la perdrix avec mes amis. Elle permet d'utiliser l'oiseau entier au lieu de ne prélever que la poitrine. Les perdreaux peuvent aussi être mangés le jour de l'abattage; ils ne requièrent pas de temps de vieillissement. Ne choisir que les petits coprins et les cuire immédiatement, car ils ne se conservent pas. Ils font également de délicieux potages et ils présentent l'avantage d'être très facilement identifiables.

Suprêmes de faisan de chasse farcis entre chair et peau à la duxelles de champignons des bois, poêlée de chanterelles aux gourganes et à la sarriette

POUR 4 PERSONNES

DUXELLES DE CHAMPIGNONS DES BOIS

- **500 g (1 lb) de chanterelles (ou pieds de mouton, trompettes, cèpes ou autres)**
- **30 ml (2 c. à tab) d'huile d'olive**
- **Sel, poivre et muscade, au goût**
- **1 échalote grise finement hachée**
- **45 ml (3 c. à tab) de persil plat ciselé**
- **45 ml (3 c. à tab) de crème 35 %**
- **Huile de champignon (bolet ou truffe)**

FAISAN

- **4 suprêmes de faisan de chasse**
- **30 ml (2 c. à tab) de beurre**
- **30 ml (2 c. à tab) d'huile d'olive**
- **Jus de volaille (voir recette en page 238)**

GARNITURE

- **450 g (1 lb) de poêlée de chanterelles aux gourganes et à la sarriette (voir recette en page 115)**
- **450 g (1 lb) de purée de céleri-rave aux pommes (voir recette en page 109)**

Accord vin

Pommard 2007, La Croix Blanche, Domaine Parent

Code SAQ : 11187472 – 38,00 $

DUXELLES DE CHAMPIGNONS DES BOIS

Laver rapidement les champignons des bois au besoin ou les frotter pour les nettoyer. Émincer grossièrement et faire revenir à feu moyen-vif dans l'huile d'olive. Assaisonner de sel, poivre et muscade au goût et cuire jusqu'à évaporation de l'eau de végétation. Ajouter l'échalote grise hachée et le persil et fixer la saveur avec la crème. Réchauffer et vérifier l'assaisonnement. Passer les champignons au robot afin d'obtenir une duxelles. Parfumer avec une huile de champignon, au goût.

FAISAN

Décoller la peau des suprêmes de faisan et les farcir de duxelles entre chair et peau à l'aide d'une poche à pâtisserie. Assaisonner les suprêmes et les colorer côté peau et légèrement côté chair dans un mélange de beurre et d'huile à feu moyen-vif. Finir la cuisson au four à 180°C (350°F) pendant environ 10 minutes à 50°C (122°F). Recouvrir de papier d'aluminium et laisser reposer 20 minutes avant de servir.

DRESSAGE

Accompagner de jus de volaille et servir avec une poêlée de chanterelles aux gourganes et à la sarriette et une purée de céleri-rave aux pommes.

Terrine de lièvre boréal, crème de moutarde au gingembre sauvage

POUR 1 TERRINE

- **500 g (1 lb) de chair de lièvre désossée**
- **Les os du lièvre pour faire un bouillon (voir recette en page 238)**
- **Moutarde au gingembre sauvage, au goût (voir recette plus bas)**

FARCE

- **50 g (1 1/2 oz) de gras de canard ou de beurre**
- **Le foie et le cœur du lièvre**
- **50 g (1 1/2 oz) d'échalote grise, hachée finement**
- **2 gousses d'ail frais hachées finement**
- **45 ml (3 c. à tab) de liqueur Sortilège**
- **45 ml (3 c. à tab) de madère**
- **250 g (1/2 lb) de gorge de porc**
- **250 g (1/2 lb) de chair de lièvre**
- **1 branche de romarin**
- **1 branche de thym**
- **Sel et poivre, au goût**

GARNITURE

- **250 g (1/2 lb) de lièvre (râble et cuisses)**
- **100 g (3 oz) de gras de jambon cru**
- **45 ml (3 c. à tab) de liqueur Sortilège**
- **5 g (peser) de sel, 1 g (peser) de poivre des dunes**
- **50 g (3 oz) de fruits séchés, au choix (bleuets, canneberges, etc.)**
- **100 g (3 oz) de terrine de foie gras (voir recette en page 44)**

- **Tranches de bacon (assez pour chemiser un moule)**
- **1 œuf**
- **10 g (peser) de sel fin, 2 g (peser) de poivre, 1 g (peser) de baie de genièvre, 1 g (peser) de muscade**
- **1 branche de pin**

MOUTARDE AU GINGEMBRE SAUVAGE

- **50 g (1 1/2 oz) de gingembre sauvage**
- **250 ml (1 t) de crème 35 %**
- **Moutarde de Dijon, au goût**

Accord vin

Morgon 2010, Marcel Lapierre

Code SAQ : 11305344 – 26 $

Avec les os du lièvre, préparer un bouillon et réserver au réfrigérateur.

FARCE

Faire chauffer le gras de canard dans une poêle et y saisir le foie et le cœur du lièvre avec l'échalote grise et l'ail. Flamber avec la liqueur Sortilège et le madère et refroidir. Réserver cette farce à gratin au réfrigérateur.

Couper la gorge de porc et 250 g (1/2 lb) de chair de lièvre en gros cubes, assaisonner, ajouter la première préparation, le romarin et le thym et laisser mariner au réfrigérateur pendant 24 heures.

GARNITURE

Couper finement 250 g (1/2 lb) de râble et de cuisse, assaisonner, ajouter des petits cubes de gras de jambon cru et arroser de liqueur Sortilège. Ajouter les fruits secs et mariner pendant 24 heures. Couper la terrine de foie gras en cubes de 1 cm (1/2 po) et la congeler.

MONTAGE DE LA TERRINE

Le lendemain, chemiser un moule à terrine avec des tranches de bacon. Passer le mélange de porc et de chair de lièvre au hache-viande (sauf la garniture). Mélanger à la main pour fixer les albumines, puis ajouter l'œuf et la garniture de râble et de cuisses, de même que le foie gras congelé. Ajouter le sel, le poivre, les baies de genièvre et la muscade. Bien mélanger et ajouter le bouillon de lièvre réduit à 100 ml (7 c. à tab) froid.

Mouler et ajouter sur le dessus de la terrine une branche de pin et quelques graines de poivre des dunes. Cuire au four au bain-marie à 180°C (350°F) pendant environ 1 h 30, jusqu'à une cuisson à cœur à 72°C (162°F). Laisser reposer pendant 2 jours au réfrigérateur avant de déguster pour permettre aux saveurs de se bonifier et de se mêler.

MOUTARDE AU GINGEMBRE SAUVAGE

Laver et gratter le gingembre sauvage et le hacher très finement. Dans une casserole, verser la crème, ajouter le gingembre et laisser réduire. Mixer le tout au mélangeur et y ajouter la moutarde de Dijon (quantité au goût). Bien mélanger et servir avec la terrine de lièvre.

À savoir

Vous pouvez aussi ajouter des cubes de foie gras cru et assaisonné. Le fait de congeler les cubes de foie gras avant de les mélanger avec la garniture permet de retrouver de beaux morceaux de foie gras dans la terrine. Si vous ne trouvez pas de poivre des dunes, utilisez un bon poivre noir du moulin.

Dos de chevreuil enrobés de bleuets sauvages et de baies de genièvre, julienne de betterave à l'aigre-doux

POUR 4 PERSONNES

DOS DE CHEVREUIL
- 4 noisettes de chevreuil de 130 g (4 oz) chacune, dans la longe
- Mélange d'épices pour gros gibier (voir recette en page 240)
- 20 ml (4 c. à thé) de beurre (pour cuire)
- 20 ml (4 c. à thé) d'huile végétale (pour cuire)

SAUCE
- 200 ml (3/4 t) de jus de bleuets sauvages « Bleu d'Ici »
- 10 ml (2 c. à thé) de Minaki (alcool de bleuet)
- 50 g (1 1/2 oz) de bleuets frais
- 10 ml (2 c. à thé) de moutarde de moût de raisin
- 45 ml (3 c. à tab) de beurre froid, en cubes
- Sel et poivre, au goût

GARNITURE
- 1 betterave
- 20 ml (4 c. à thé) de beurre
- 10 ml (2 c. à thé) de miel
- 15 ml (1 c. à tab) de vinaigre de petits fruits
- Sel et poivre du moulin, au goût
- 100 g (3 oz) de poudre de bleuets séchés
- 15 g (peser) de baies de genièvre réduites en poudre
- 2 fleurs de bleuet

Accord vin

Château Loudenne, Médoc, Cru Bourgeois supérieur
Code SAQ : 102210 – 27,55 $

DOS DE CHEVREUIL

Assaisonner les morceaux de gibier du mélange d'épices et colorer de chaque côté dans le beurre et l'huile à feu vif. Réduire la chaleur et continuer la cuisson en arrosant les dos de chevreuil constamment avec le gras de cuisson. Après environ 8 minutes, la température à cœur de la viande devrait atteindre 40°C (104°F). Retirer du feu et laisser reposer, recouvert de papier d'aluminium.

SAUCE

Remettre la poêle de cuisson sur le feu, caraméliser les sucs, enlever le surplus de gras et déglacer avec le jus de bleuets. Réduire de moitié, ajouter le jus obtenu pendant le repos de la viande et finir la sauce avec la liqueur Minaki, puis les bleuets. Lier la sauce avec la moutarde et le beurre en dés. Rectifier l'assaisonnement. Réserver au chaud.

GARNITURE

Éplucher la betterave et la couper en fine julienne. Blanchir 2 minutes, bien égoutter et faire revenir rapidement dans une poêle avec du beurre. Saler et poivrer. Ajouter le miel et déglacer avec le vinaigre de petits fruits. La julienne de betterave doit rester croquante et être aigre-douce.

DRESSAGE

Mélanger la poudre de bleuets et les baies de genièvre réduites en poudre. Enrober les morceaux de chevreuil dans ce mélange, puis les couper en deux et les disposer sur des assiettes chaudes, avec la julienne de betterave. Napper de jus de bleuets et décorer de fleurs de bleuet.

Baies de genièvre

Recette préférée de mon fils Frédéric

Chipolatas d'orignal aux cipollinis, flageolets au lard et à la tomate

POUR 20 PETITES SAUCISSES

CHIPOLATAS

- **150 g (5 oz) d'oignons cipollinis (ou oignons blancs)**
- **50 g (1 1/2 oz) de beurre**
- **3 g (peser) de baies de genièvre**
- **1 gousse d'ail du Québec**
- **5 g (peser) de feuilles de romarin ou de sauge**
- **1 kg (2,2 lb) d'orignal (dans l'épaule, la poitrine ou le cou)**
- **600 g (1 1/3 lb) de poitrine de porc**
- **100 g (3 oz) de mie de pain trempée dans 100 ml (7 c. à tab) de lait**
- **1 petite botte de persil plat (feuilles seulement)**
- **20 g (peser) de sel fin, 5 g (peser) de poivre noir, 1 g (peser) de piment d'Espelette, 2 g (peser) de cinq-épices**
- **Boyaux de mouton (pour 20 saucisses environ)**

GARNITURE

- **Flageolets au lard et à la tomate, au goût** **(voir recette en page 112)**

Accord vin

Chianti Classico Riserva 2007, Ducale, Ruffino

Code SAQ : 45195 – 24,95 $

CHIPOLATAS

Éplucher et émincer les cipollinis, les faire revenir au beurre avec les baies de genièvre, l'ail et le romarin pendant 2 minutes. Laisser refroidir à température ambiante.

À l'aide d'un hachoir muni d'une grille de 4 cm (1 1/2 po), hacher la viande d'orignal et de porc. Ajouter les cipollinis aromatisés et finir avec le pain trempé dans le lait et le persil. Ajouter tout l'assaisonnement et mélanger à la main afin de bien lier le tout.

Faire tremper les boyaux de mouton dans l'eau froide une vingtaine de minutes. Égoutter. À l'aide d'une poche à douille ou d'un poussoir, farcir les boyaux pour obtenir des saucisses de 12 cm (5 po) de long. Faire griller ou poêler les saucisses pour bien les dorer sur toutes les faces. Accompagner de flageolets au lard et à la tomate et servir.

À savoir

Les chipolatas sont des petites saucisses fines de 12 à 15 cm (5 à 6 po) de long à base d'épaule de porc que l'on trouve partout en Europe dans les stands de rue. C'est le hot-dog à la française et on le déguste avec de la moutarde de Dijon.

Avec cette farce, vous pouvez aussi préparer des saucisses plates, que l'on appelle des crépinettes. Vous pouvez faire la même recette avec du chevreuil ou du caribou.

Steaks de caribou poêlés aux physalis, sauce de gibier au poivre des dunes, haricots portugais en spaghetti façon « José »

POUR 4 PERSONNES

SAUCE GIBIER

Marinade

- **2 kg (4 1/2 lb) d'os, parures, jarrets de caribou**
- **1 bouteille de 750 ml de vin rouge**
- **200 ml (3/4 t) de madère ou de porto**
- **1 oignon en mirepoix**
- **1 carotte en mirepoix**
- **3 feuilles de laurier**
- **1 branche de thym, queues de persil, romarin et sauge**
- **5 g (peser) de baies de genièvre**
- **10 clous de girofle**
- **2 g (peser) de poivre des dunes**
- **1 tête d'ail**
- **Le zeste de 1 orange**

FINITION DE LA SAUCE

- **45 ml (3 c. à tab) de beurre**
- **45 ml (3 c. à tab) de pâte de tomate**
- **2,5 l (10 t) de bouillon de volaille (voir recette en page 238)**

HARICOTS PORTUGAIS

- **450 g (1 lb) de haricots charnus (portugais)**
- **Sel et poivre, au goût**
- **2 gousses d'ail**
- **45 ml (3 c. à tab) d'huile d'olive portugaise extra-vierge**
- **Chorizo portugais (facultatif)**

STEAKS DE CARIBOU

- **30 ml (2 c. à tab) d'huile végétale**
- **4 steaks de caribou de 150 g (5 oz) chacun, dans la fesse**
- **Poivre des dunes et sel, au goût**
- **100 ml (7 c. à tab) de madère ou de porto**
- **20 ml (4 c. à thé) de beurre**

GARNITURE

- **1 casseau (100 g/3 oz) de physalis (cerises de terre)**
- **10 ml (2 c. à thé) de miel**

Accord vin

Priorat 2008, Les Terrasses, Alvaro Palacios

Code SAQ : 10931562 – 32,50 $

MARINADE

Concasser très finement les os et les parures de gibier. Mariner avec les légumes taillés en mirepoix et tous les ingrédients de la marinade pendant environ 24 heures. Le lendemain, égoutter et passer le liquide de la marinade au tamis.

Dans une casserole, faire chauffer 45 ml (3 c. à tab) de beurre et y faire revenir pendant environ 5 minutes les os et parures et les légumes de la marinade pour les colorer. Ajouter la pâte de tomate et mélanger de nouveau pendant 1 minute. Déglacer avec le liquide de la marinade et le bouillon de volaille. Porter à ébullition, écumer et laisser mijoter à découvert pendant 2 heures, en écumant de temps en temps. Saler légèrement la préparation. Au terme de la cuisson, filtrer la sauce et refroidir. Réfrigérer et dégraisser. On devrait obtenir 2 l (8 t) de sauce.

GARNITURE

Tailler les haricots portugais en fine julienne (spaghettis) et mettre dans une poêle avec 200 ml (3/4 t) d'eau salée. Cuire rapidement à couvert pendant environ 2 minutes. Au terme de la cuisson (légèrement al dente), assaisonner de sel et de poivre du moulin et ajouter l'ail haché et l'huile d'olive. Ajouter quelques tranches fines de chorizo (facultatif). Réserver au chaud.

STEAK DE CARIBOU

Dans une poêle, faire chauffer l'huile végétale à feu vif, assaisonner les steaks de sel et de poivre des dunes écrasé et les cuire au degré de cuisson désiré (saignant ou rosé recommandé pour une viande tendre). Retirer du feu et recouvrir de papier d'aluminium pour faire reposer. Entre-temps, dégraisser la poêle de cuisson et déglacer avec le madère ou le porto. Laisser réduire et ajouter 200 ml (3/4 t) de sauce gibier. Monter la sauce avec 10 g (2 c. à thé) de beurre froid coupé en dés, puis rectifier l'assaisonnement.

Dans une petite poêle, faire sauter rapidement au beurre pendant 2 minutes les physalis coupés en deux avec un peu de miel.

DRESSAGE

Sur des assiettes chaudes, déposer les steaks de caribou. Napper de sauce, ajouter les physalis poêlés et garnir des haricots portugais en spaghetti. Accompagner d'un ragoût de pommes de terre (voir recette en page 110).

À savoir

Préparez la sauce gibier en grosse quantité et congelez-la. On peut la parfumer de multiples façons en ajoutant des champignons sautés, des herbes, des petits fruits, différents alcools, des épices, etc.

RECETTES DE BASE

BOUILLON DE VOLAILLE

POUR 2 LITRES/8 TASSES

- **2 kg (4 1/2 lb) de carcasses de volaille (cou, ailerons, etc.)**
- **4 l (16 t) d'eau fraîche**
- **200 g (6 oz) d'oignon émincé**
- **200 g (6 oz) de carotte émincée**
- **1 bouquet garni (thym, laurier, queues de persil, vert de poireau)**
- **4 gousses d'ail**
- **2 clous de girofle**
- **Sel (très peu)**
- **1 racine de gingembre émincé (facultatif)**

Concasser finement les carcasses et mettre dans une casserole. Ajouter l'eau froide et porter à ébullition. Réduire le feu et écumer. Ajouter le reste des ingrédients et cuire 2 heures à découvert en écumant régulièrement afin d'obtenir un bouillon très clair. Filtrer à travers une passoire fine. Refroidir et garder au congélateur.

Vous pouvez personnaliser ce bouillon en y ajoutant une racine de gingembre émincé ou de la citronnelle 15 minutes avant la fin de la cuisson. Vous pouvez utiliser la même technique avec du veau, du lapin, des petits gibiers, etc.

JUS DE VIANDE

POUR 1 LITRE/4 TASSES DE JUS

- **1 kg (2,2 lb) de parures de veau, abattis de volaille (cou, ailerons)**
- **100 g (3 oz) de beurre**
- **200 g (6 oz) d'échalote grise émincée**
- **20 ml (4 c. à thé) de sauce soja épaisse**
- **100 ml (7 c. à tab) de Noilly Prat**
- **2 l (8 t) de bouillon de volaille (voir recette ci-haut)**

Concasser très finement les parures de veau et les abattis de volaille. Dans une casserole, les faire revenir au beurre jusqu'à ce qu'ils soient bien colorés. Ajouter l'échalote grise et poursuivre la coloration quelques minutes. Déglacer avec la sauce soja et le Noilly Prat et réduire de moitié. Ajouter le bouillon de volaille, porter à ébullition et écumer. Faire mijoter pendant 45 minutes. Passer ce jus très goûteux au tamis fin et le refroidir rapidement au réfrigérateur. Il se conserve 5 jours au réfrigérateur et se congèle très bien.

CHUTNEY AUX PETITS FRUITS DU QUÉBEC

POUR 250 ML/1 TASSE ENVIRON

- **20 ml (4 c. à thé) d'huile végétale**
- **150 g (5 oz) d'oignon rouge haché finement**
- **Sel, au goût**
- **1 g (peser) de graines de coriandre**
- **50 g (1 1/2 oz) de cassonade**
- **10 g (peser) de gingembre frais**
- **Le jus et le zeste de 1 citron**
- **100 ml (7 c. à tab) de vinaigre de cidre**
- **50 g (1 1/2 oz) de pomme hachée**
- **30 g (1 oz) de canneberges séchées**
- **30 g (1 oz) de sureau**
- **30 g (1 oz) de cassis**
- **30 g (1 oz) de bleuets**
- **30 g (1 oz) de chicoutai**
- **30 g (1 oz) de graines rouges (airelles/vigne d'Ida)**
- **Tabasco, au goût**

Dans une petite casserole, faire revenir l'oignon dans l'huile avec un peu de sel et les graines de coriandre pendant environ 2 minutes. Ajouter la cassonade, le gingembre, le jus et le zeste de citron. Bien mélanger et déglacer avec le vinaigre de cidre. Ajouter tous les fruits et mijoter doucement, à découvert, pendant 30 minutes. Ajouter quelques gouttes de tabasco et vérifier l'assaisonnement, qui doit être aigre-doux ; le chutney doit avoir une consistance de confiture.

TAPENADE D'OLIVES NOIRES

POUR 250 ML/1 TASSE ENVIRON

- **100 g (3 oz) d'olives noires dénoyautées**
- **45 ml (3 c. à tab) d'huile d'olive extra-vierge**
- **5 filets d'anchois à l'huile**
- **1 gousse d'ail hachée finement**
- **20 ml (4 c. à thé) de câpres au vinaigre**
- **20 ml (4 c. à thé) de moutarde de Dijon**

Au mélangeur ou au robot, mixer les olives noires. Ajouter l'huile d'olive, les anchois, l'ail, les câpres et la moutarde. Bien mixer le tout afin d'obtenir une fine purée. Vous pouvez ajouter en mixant une petite boîte de thon à l'huile. Servir avec crudités, croûtons, œufs durs, etc. Peut également accompagner viandes et poissons grillés.

CONCASSÉ DE TOMATE

POUR 1 LITRE/4 TASSES ENVIRON

- **2 kg (4 1/2 lb) de tomates de jardin bien mûres**
- **100 g (3 oz) d'échalote grise hachée finement**
- **45 ml (3 c. à tab) d'huile d'olive**
- **4 gousses d'ail hachées finement**
- **1 pincée de piment fort (Espelette ou autre), au goût**
- **Sel et poivre, au goût**
- **2 feuilles de laurier**
- **1 branche de thym**
- **45 ml (3 c. à tab) de pesto de tomate séchée**
- **Herbes fraîches, au goût (basilic, menthe, ciboulette, origan, coriandre, etc.)**

Monder et épépiner les tomates : enlever les pédoncules et plonger les tomates dans l'eau bouillante pendant quelques secondes. Les plonger aussitôt dans l'eau glacée afin d'arrêter la cuisson. Enlever la peau, couper en 4, épépiner et concasser.

Faire fondre l'échalote grise dans l'huile d'olive sans coloration pendant 2 minutes. Ajouter l'ail, le piment fort et les tomates concassées. Saler et poivrer, ajouter le laurier et le thym et cuire à feu doux, en mélangeant souvent, jusqu'à réduction de moitié des tomates. Au terme de la cuisson, ajouter le pesto de tomate séchée et vérifier l'assaisonnement. En toute fin de cuisson, parfumer, au besoin, avec des herbes fraîches (basilic, menthe, ciboulette, origan, coriandre, etc.). Cette recette se garde pendant 5 jours en réfrigérateur et se congèle bien.

CRÈME DE CRUSTACÉS

POUR 1 LITRE/4 TASSES DE SAUCE

- **45 ml (3 c. à tab) d'huile d'olive**
- **450 g (1 lb) de carapaces de crustacés (homard, crevettes, crabe)**
- **1 poireau émincé**
- **45 ml (3 c. à tab) de beurre**
- **45 ml (3 c. à tab) de pâte de tomate**
- **200 ml (3/4 t) d'eau froide**
- **1 l (4 t) de crème 35 %**
- **Sel, poivre du moulin et piment d'Espelette, au goût**

Concasser finement les carapaces. Dans une casserole, faire revenir à feu vif dans l'huile d'olive les carapaces de crustacés pendant 3 minutes à feu vif. Ajouter le poireau et le beurre et poursuivre la cuisson 2 minutes. Ajouter la pâte de tomate et bien mélanger. Ajouter 200 ml (3/4 t) d'eau froide, puis la crème. Assaisonner et laisser cuire à feu doux pendant 20 minutes. Passer au mélangeur et au tamis en pressant fortement. Vérifier l'assaisonnement. Cette sauce doit être onctueuse et légèrement piquante. Vous pouvez la parfumer de vanille, d'estragon, de safran, ajouter des champignons, au goût. Elle se conserve 5 jours au réfrigérateur et se congèle très bien.

FONDUE DE FROMAGE AU LAIT D'AMANDE

POUR 500 ML/2 TASSES ENVIRON

- **300 g (9 oz) de fromages variés**
- **250 ml (1 t) de lait d'amande**
- **1 pointe de muscade**
- **Poivre du moulin, au goût**
- **1 pointe de piment d'Espelette**

Couper le fromage en dés, mettre dans une petite casserole et ajouter le lait d'amande. Porter à ébullition sur feu doux en remuant constamment. Lorsque le fromage est fondu, mixer à l'aide d'un mélangeur à main afin de rendre la fondue crémeuse et onctueuse. Parfumer avec la muscade, le poivre et le piment d'Espelette. Passer au tamis, si nécessaire.

Cette recette est parfaite pour utiliser vos restes de fromage (Migneron, Gaulois, oka, parmesan, etc.). On peut servir cette sauce avec une omelette, des pâtes, des pommes de terre, des légumes, etc. On peut également lui ajouter des amandes effilées, des noix de pin grillées, des noisettes concassées, etc.

MARINIÈRE DE LÉGUMES AUX HERBES

POUR 2,5 LITRES/10 TASSES

- **1 poivron rouge, 1 vert, 1 jaune, 1 noir**
- **1 carotte rouge et 1 jaune**
- **1 petite courgette verte et 1 jaune**
- **1 panais**
- **1 céleri-rave**
- **1 chou-rave**
- **1 petit piment oiseau rouge ou piment d'Espelette**
- **1 petit oignon rouge**
- **4 gousses d'ail hachées finement**
- **50 g (1 1/2 oz) de racine de gingembre râpée**
- **1 zeste de citron haché finement**
- **5 g (peser) d'origan séché**
- **Huile d'olive, au goût**
- **Sel, au goût**
- **Herbes fraîches au choix (persil, cerfeuil, estragon, basilic, ciboulette, etc.)**

Utiliser seulement le vert et le jaune des courgettes. Éplucher et tailler en fine brunoise tous les légumes. Ajouter le gingembre râpé, le zeste de citron, l'ail et l'origan. Recouvrir d'huile d'olive jusqu'à la hauteur des légumes. Ajouter le sel et les herbes fraîches de votre choix au dernier moment. Se sert comme condiment pour parfumer les plats. Se conserve au moins 1 mois au réfrigérateur, en prenant soin de toujours recouvrir les légumes d'huile d'olive.

MÉLANGE D'ÉPICES

POUR GROS GIBIERS

(Pour plus de précision, peser tous les ingrédients; mesures métriques seulement)

- **100 g de sel fin**
- **3 g de poivre Sarawak**
- **1 g de baies de genièvre**
- **1 g de muscade**
- **1 g de coriandre**

POUR VOLAILLES

- **100 g de sel**
- **3 g de poivre du moulin**
- **1 g de muscade**
- **1 g de cardamome**

Moudre toutes les épices au mortier ou au moulin à café. Réserver dans des bocaux de verre fermant hermétiquement. Toujours acheter les épices entières et en petite quantité pour préserver leur fraîcheur et leur arôme.

POUR POISSONS, MOLLUSQUES ET CRUSTACÉS

- **150 g de sel**
- **10 g de poivre blanc Sarawak**
- **20 g de paprika**
- **10 g de poudre de cari**
- **10 g de graines de coriandre**
- **10 g de graines de fenouil**
- **2 g de piment d'Espelette**

Moudre toutes les épices au mortier ou au moulin à café. Réserver dans des bocaux de verre fermant hermétiquement. Les graines de fenouil peuvent être remplacées par du pollen de fenouil. Mon fils Frédéric m'a fait connaître cette épice très aromatique et populaire au Moyen-Orient, qu'il a découverte en voyage.

PÂTE BRISÉE OU FONCÉE

POUR 2 TARTES

(Pour plus de précision, peser tous les ingrédients; mesures métriques uniquement)

- **500 g de farine tout usage**
- **300 g de beurre non salé, en pommade**
- **1 œuf**
- **10 g de sel fin**
- **10 g de sucre**
- **100 ml d'eau froide**

Au robot, mélanger tous les ingrédients en actionnant l'appareil quelques secondes à la fois jusqu'à ce que la pâte forme une boule. Envelopper dans de la pellicule de plastique et laisser reposer de 30 minutes à 1 heure au réfrigérateur avant d'abaisser au rouleau à pâte.

Ne pas trop travailler la pâte pour ne pas la rendre élastique. Cette recette vous servira pour la Tourtière de brochet et de truite (page 220) et pour le Pithiviers de faisan au romarin (page 142). C'est la pâte idéale pour réaliser les quiches.

PÂTE SUCRÉE

POUR 2 TARTES

(Pour plus de précision, peser tous les ingrédients; mesures métriques uniquement)

- **250 g de beurre non salé**
- **200 g de sucre à glacer**
- **5 g de sel fin**
- **2 œufs**
- **500 g de farine tout usage**

Au robot, mélanger le beurre et le sucre à glacer pour obtenir une pâte lisse. Ajouter le sel et les œufs et mixer de nouveau. Arrêter le robot et ajouter la moitié de la farine. Mélanger pendant quelques secondes, arrêter de nouveau l'appareil et ajouter le reste de la farine. Mélanger pendant quelques secondes supplémentaires jusqu'à l'obtention d'une pâte homogène.

Envelopper dans de la pellicule de plastique et laisser reposer au réfrigérateur pendant quelques heures. Il est très important de ne pas trop travailler les pâtes à tarte, sinon elles deviendraient dures et élastiques. Cette version sucrée vous servira pour la Tarte au citron jaune et vert aux fraises des champs (page 202) et pour la Tarte au chocolat et au caramel au beurre salé (page 207).

SAUCE VIERGE (PRÉPARATION DE BASE)

POUR 500 ML/2 TASSES ENVIRON

- **4 belles tomates rouges et jaunes, bien mûres**
- **Fleur de sel, poivre du moulin, tabasco, au goût**
- **1 gousse d'ail finement hachée**
- **200 ml (3/4 t) d'huile d'olive extra-vierge**
- **Fines herbes fraîches, au choix (basilic, estragon, cerfeuil, ciboulette)**
- **Le jus de 1 citron (facultatif, selon l'acidité des tomates)**

Retirer le pédoncule des tomates et les plonger pendant 15 secondes dans l'eau bouillante, puis retirer aussitôt et plonger dans de l'eau glacée afin d'interrompre la cuisson. Peler, couper en 4, et presser délicatement pour épépiner et éliminer l'eau de végétation. Couper en petits dés. Assaisonner et ajouter l'ail et l'huile d'olive. Ajouter les herbes ciselées juste avant d'utiliser pour ne pas les « cuire » par l'acidité de la sauce.

VARIANTES

SAUCE VIERGE THAÏ

À la recette de base, ajouter des cubes de mangue, du basilic thaï et de la coriandre fraîche, le jus de 1 citron vert et du gingembre frais haché.

SAUCE VIERGE AUX GOURGANES

À la recette de base, ajouter des gourganes fraîches blanchies et épluchées et de la sarriette fraîche ciselée.

SAUCE VIERGE AUX FRUITS FRAIS

À la recette de base, ajouter des cubes de melon, de papaye, etc. On peut utiliser cette sauce froide ou tiède avec toutes sortes de salades, de poissons, de fruits de mer et de volailles.

SAUCE VIERGE AUX COQUILLAGES

À la recette de base, ajouter 200 g (6 oz) de coquillages cuits (moules, pétoncles de baie, palourdes, etc.), 45 ml (3 c. à tab) de câpres rincées et égouttées et 1 échalote grise hachée.

MA VINAIGRETTE PRÉFÉRÉE

POUR 500 ML/2 TASSES ENVIRON

- **30 ml (2 c. à tab) de moutarde de Dijon**
- **125 ml (1/2 t) de vinaigre de xérès**
- **10 ml (2 c. à thé) de sel fin**
- **10 ml (2 c. à thé) d'ail finement haché**
- **200 ml (3/4 t) d'huile d'olive extra-vierge**
- **200 ml (3/4 t) d'huile d'avocat**
- **45 ml (3 c. à tab) de Noilly Prat**

Dans un saladier, fouetter la moutarde avec le vinaigre, le sel et l'ail. Ajouter l'huile et le Noilly Prat et fouetter afin d'obtenir une vinaigrette crémeuse et bien liée. Vous pouvez aussi utiliser un robot. Cette vinaigrette accompagne la Salade de légumes grillés et marinés au chia et au fromage feta de brebis (page 182), de même que toutes les salades de légumes. Vous pouvez ajouter des herbes fraîches à la dernière minute dans la vinaigrette. Conserver dans une bouteille et bien remuer avant chaque utilisation. Il n'est pas nécessaire de garder cette vinaigrette au réfrigérateur.

VINAIGRETTE À L'HYDROMEL

POUR 250 ML/1 TASSE

- **250 ml (1 t) d'hydromel (vin de miel)**
- **4 ml (3/4 c. à thé) de sel fin**
- **5 ml (1 c. à thé) de moutarde de Dijon**
- **Le jus et le zeste de 1 citron**
- **100 ml (7 c. à tab) d'huile d'olive extra-vierge**
- **Poivre du moulin et tabasco, au goût**
- **Menthe fraîche, au goût**

Dans une petite casserole, faire réduire de moitié l'hydromel sur feu moyen-vif. Ajouter le sel et la moutarde en fouettant constamment, puis le jus de citron et l'huile d'olive. Mélanger pour bien émulsionner et poivrer. Ajouter quelques gouttes de tabasco. Au dernier moment, ajouter la menthe ciselée. Si la saveur de miel n'est pas assez prononcée, vous pouvez en ajouter un peu.

INDEX DES RECETTES

G

H

J

L

M

N

O

P

R

S

T

V

W

MERCI!

• À LINDA THERRIEN, qui a été une complice indispensable tout au long de la rédaction de cet ouvrage. Merci pour ta minutie, ta patience, ton sens de l'organisation et ton humour ! • À LAURENT LAVIGNE, pour son soutien constant. • À JACQUES FORTIER, pour les confidences en fous rires et l'appui indéfectible. • À CLAIRE BEAUDET, pour nous avoir livré ses plus beaux souvenirs. • À la BRIGADE DU SAINT-AMOUR pour son enthousiasme, son solide coup de main au chef Boulay et pour son travail remarquable lors des séances de photos. • À SIMON JOBIN et à son équipe de brillants sommeliers pour leurs suggestions. • À FRÉDÉRIC BOULAY, toujours prêt à donner un coup de main et à offrir de bonnes idées. • À SABRINA BOULAY, qui veille à notre santé et à notre bien-être. • À BASTIEN BOULAY, pour ses tisanes et sa bonne humeur. • À LOUIS AUBERT et à son équipe de Maison Gourmet, pour nous avoir permis de squatter leur cuisine lors de nos séances de photos. • À ANDRÉ-OLIVIER LYRA, dont le talent incomparable, la passion et la gourmandise nous ont permis de rendre les images du livre encore plus belles que dans nos rêves les plus fous. Merci pour toutes les heures supplémentaires avalées avec le sourire ! • À CARINE MARTIN, pour son flair et son sens artistique. • Aux AMIS CUISINIERS qui ont accepté de collaborer aux recettes du livre. • Aux COMPLICES DE CHASSE ET DE PÊCHE de Jean-Luc ; merci pour vos belles photos ! • À CHRISTIANE ET JOSÉ FAGUNDS pour leur dévouement et leur merveilleuse amitié. • Merci à JEAN PARÉ d'avoir cru à ce projet dès le départ et d'avoir su le concrétiser. • Merci à MARIE-JOSÉE FOREST pour son inspiration constante, sa fiabilité, sa générosité et son merveilleux travail de direction artistique.

Jean-Luc Boulay et Anne-Louise Desjardins

Les Éditions Transcontinental
1100, boul. René-Lévesque Ouest, 24e étage
Montréal (Québec) H3B 4X9
Téléphone : 514 392-9000 ou 1 800 361-5479
www.livres.transcontinental.ca

Pour connaître nos autres titres, consultez **www.livres.transcontinental.ca.**
Pour bénéficier de nos tarifs spéciaux s'appliquant aux bibliothèques d'entreprise ou aux achats en gros, informez-vous au 1 866 800-2500.

Catalogage avant publication de Bibliothèque et Archives nationales du Québec et Bibliothèque et Archives Canada

Desjardins, Anne L., 1959-

L'univers gourmand de Jean-Luc Boulay : 35 ans de plaisir et de passion partagés au Saint-Amour

Comprend un index.

ISBN 978-2-89472-577-1

1. Cuisine. 2. Boulay, Jean-Luc - Anecdotes. 3. Accord des vins et des mets. I. Boulay, Jean-Luc. II. Titre.

TX714.D47 2011 641.5 C2011-942135-6

Rédaction des recettes : Jean-Luc Boulay
Aide à la rédaction des recettes : Linda Therrien
Conception, recherche et rédaction : Anne-Louise Desjardins
Photographie des recettes et de la plupart des photos d'ambiance : André-Olivier Lyra
Révision et standardisation des recettes : Anne-Louise Desjardins
Index et table des matières : Laurent J. Lavigne
Direction artistique et mise en page : Marie-Josée Forest
Impression: Transcontinental Interglobe

Photographies de la couverture avant :
André-Olivier Lyra

Imprimé au Canada

Dépôt légal – Bibliothèque et Archives nationales du Québec, 3e trimestre 2011
Bibliothèque et Archives Canada

Nous reconnaissons l'aide financière du gouvernement du Canada par l'entremise du Fonds du livre du Canada pour nos activités d'édition.

Nous remercions également la SODEC de son appui financier (programmes Aide à l'Édition et Aide à la promotion).

ASSOCIATION NATIONALE DES ÉDITEURS DE LIVRES

Les Éditions Transcontinental sont membres de l'Association nationale des éditeurs de livres.